진짜 프랑스는 시골에 있다

진짜 프랑스는 시골에 있다

먹고 마시는 유럽 유랑기

글 * 문정훈
사진 * 장준우

상상출판

Marché du Chef
€
Tartare de Saumon Label Rouge 16
Huile d'Olive Citron Vert
Salade de Noix de St Jacques 21
Copeaux de Parmesan
Soupe de Poissons Lotte Rôtie 29
Légumes du Moment
Aile de Raie Meunière 25
Ratatouille Minute
Faux Filet de Charolais Affiné 39
Pommes Pont Neuf Sauce Béarnaise
10
Tarte Gianduja
Vins au Verre (12cl)
7
Hautes Côte de Beaune "En Bois Guilemain" 16 Chartron 9
Rully 1er Cru "Raclot" 16 Jacquesson
6
Rully Rouge 17 JB Ponsot
Pernand Vergelesses 1er Cru "Creux de la Net" 10
2011 JC Lecuyer

Jupiler
Café du Cours
Le Café du Cours
Festival

시골 여행을 시작하며

농대 교수로서 시골을 다니는 것은 전혀 이상한 일이 아니다. 예로부터 "스키니한 이탈리안 셰프와 얼굴 하얀 농대 교수는 믿지 말라"고 했다. 나는 지난 10여 년간 지리적 표시Geographical Indication와 농식품 클러스터 연구를 하면서 국내외 시골을 끊임없이 다녔다. 덕택에 적어도 얼굴이 하얗지는 않아 '다소 믿음을 줄 수도 있는' 농대 교수가 되었다. 지리적 표시는 흔히 원산지 표시와 많이 혼동하기도 하는데, 이는 본문에서 다루도록 하겠다. 그건 그렇고 지금까지 나는 시골과 나의 연계성에 대해서 그다지 깊게 생각해본 적이 없었다. 어느 날 주류 문화 칼럼니스트 명욱과 함께 술을 한잔 마시며, 예전에 내가 다녀온 출장 이야기를 나누는 과정에서 이런 이야기가 튀어나왔다.

"이야, 교수님 진짜 시골만 골라서 다니네요? 이러다가 전 세계 시골 다 도시겠습니다? 앞으로 '세계 시골 전문가'라고 별칭을 붙여드려야겠네."

'흠, 글쎄. 세계 시골 전문가? 나쁘지 않은데?' 이날 명욱 씨와 나누던 대화가 이 책을 쓰게 만들었다. 보통 남자들은 술을 마시며 군대 이야기를 하는데, 나는 술 마시면서 시골에서 밥 먹던 이야길 한다. 먹으면서 먹는 이야기를 하는 게 제일 즐겁지 않은가! 명욱 씨와 이야기를 나누던 그 자리에 이 책의 공저자 장준우 셰프도 있었다. 왜 이 책을 장준우 셰프와 함께 쓰게 되었냐고 묻는다면 답은 하나. 그때 그 자리에 그가 있었다.

"저는 인물 사진은 잘 못 찍어요. 음식 사진만."

이것이 장준우 셰프가 왜 이 '유럽의 시골' 프로젝트에 참여하게 되었는지, 또 어떠한 역할로 참여하게 되었는지를 가장 명확히 보여주는 대사다. 장준우 셰프는 이 책의 비주얼 담당이다. 함께 시골을 다니면서 보고 느끼고 맡고 맛보며 대화한 모든 것을 나는 글로, 장 셰프는 사진으로 남기기로 했다.

"아유, 정훈이 이 녀석 밥 참 잘 먹네!"라고 말하면 이는 '밥을 야무지게 먹는다'는 의미도 있지만 '많이 먹는다'는 의미가 더 강하다. 다른 문장도 살펴보자. "정훈이 걔는 참 잘 자"라는 문장의 의미도 '잠을 끝장나게 잔다'는 의미와 동시에 '너무 많이 잔다'는 의미가 있다.

장준우 셰프는 사진을 참 잘 찍는다. 작품 같은 사진들도 간간이 튀어나온다. 장 셰프가 함께 시골을 다니면서 찍은 사진을 보면서 카메라 탓을 하는 걸 몇 번 봤는데, 부디 이 책에는 간간이 튀어나온다는 '작품 사진들'이 주로 실리길 기대해본다. 나는 애초에 출판사 대표님에게(정확히는 그의 아내에게) 이 책이 화보로 팔렸으면 좋겠다고 했다. 만약 이 책이 화보로 팔리고 있지 않다면, 그건……. 힘내라 장 셰프! 힘내라 카메라!

나는 일반적인 관광 여행에는 그다지 흥미를 느끼지 못한다. 그래서 나와 출장을 갔던 학생들이나 지인들이 아쉬워할 때가 많았다. 나에게 도시는 시골로 들어가는 문일 뿐이다. 예컨대 파리를 가더라도 에펠탑에 갈 의지는 전혀 생기지 않는다. 프랑스의 제2도시인 리옹과 제3도시인 마르세유를 가본 적은 있지만 시내에 뭐가 있는지 전혀 알지 못한다. 시골로 들어가기 위해 잠깐 들렀을 뿐이다. 내가 어떤 도시에 깊숙이 들어갔다면 그건 아마 슈퍼마켓의 식품 코너를 보기 위해서 혹은, 반드시 가야 할 식당을 찾기 위해서였을 것이다. 나는 주구장창 시골에만 있다 온다.

유럽의 매력은 파리, 런던, 뮌헨 같은 대도시가 아닌 시골에 있다. 물론 처음 유럽을 간다면 누구나 유명한 빅벤 앞에서, 에펠탑 앞에서 사진을 찍고 싶긴 하겠지. 이해는 한다. 그러나 그게 그 지역 주민의 삶과 정서와 어떤 개연성이 있고, 그 지역의 문화를 어떻게 반영하고 있을까? 한국 사람들 중 남산타워에 가본 사람은 몇이나 있고, 63빌딩엔 몇 번이나 올라가 보았을까? 이런 구조물들은 한국 사람들의 삶과 문화와 그다지 개연성이 없다는 것을 조금만 생각해봐도 알 수 있다.

한국인의 삶과 정서를 이해하고자 하는 사람에게 제일 먼저 보여줘야 할 것이 바로 우리의 밥상이다. 밥상에 뭐가 올라갈까? 그걸 알기 위해 나는 시골로 간다. 그곳에 사람이 있고, 그 사람들이 농사를 짓고 있고, 그것으로 음식을 만들고 있다. 나는 농대 교수다. 장준우 셰프도 셰프니까 식재료가 태어나는 시골로 가는 게 즐거웠겠지?

'한국의 시골'을 쓰고 싶지만, 출판사는 일단 유럽을 제안했다. 그래서 프랑스와 스페인을 책으로 만든 다음 '한국의 시골'을 쓰기로 순서를 바꿨다. 나는 우리 시골을 사랑하는 만큼 프랑스와 스페인의 시골도 사랑한다. 프랑스와 스페인의 시골을 담은 책이 잘된다면 그 후에 한국의 시골을 출간하기로 했다. 이해한다. 비즈니스는 비즈니스니까. 프랑스와 스페인의 시골에 다행히 내가 아는 친구들이 좀 있다. 모두 농부이거나 셰프다. 이들도 시골을 다니면서 사귀게 된 친구들이다. 이 책의 취재를 위해 오랜만에 친구들의 집을 쭉 둘러볼 수 있게 되어서 좋았다. 장 셰프도 좋았기를. 물론 내 친구들도 장 셰프가 좋았기를. 독자 여러분들도 시골의 내 친구들을, 그리고 장 셰프를 좋아하길 바란다.

— 문정훈

Ps …

이 서문을 장 셰프에게 보여주었더니, 그 술자리에서 "저는 인물 사진은 잘 못 찍어요. 음식 사진만"이라고 말한 적이 없다고 한다. 오히려 자신은 그 반대로 이야기했다고 한다. 모르겠다. 이 책은 과연 팔릴 것인가? 안 팔리면 장 셰프 탓.

◇ 목차 ◇

◦ *Part 1* ◦

부르고뉴
Bourgogne

프랑스 시골 여행의 시작
: 흙을 만져봐야 안다

프랑스에서는 파리가 가장 덜 아름답다. 분명히, 그리고 자신 있게 이야기하지만 프랑스의 아름다움은 진정 시골에 있다. 프랑스가 선진국인 것은 GDP가 높아서가 아니라 시골이 깨끗하고 아름다워서다. 농담이 아니다. 선진국일수록 시골이 깨끗하다. 선진국의 대열에 끼지 못한 나라들은 아무리 그 수도와 대도시들이 번쩍이고 화려해도 시골에 가면 선진국이 아닌 이유가 분명히 드러난다. 시골은 숨길 수가 없다. 나는 프랑스의 시골을 돌면서 그 흔한 비료 포대 하나 굴러다니는 것을 본 적이 없고, 시커먼 멀칭 비닐이 찢어져 휘날리는 모습을 본 적도 없다. 깨끗하다. 아무도 다닐 것 같지 않은 외진 시골집도 화단을 가꾸고 창틀에는 화분이 올려져 있다. 선진국의 모습이다.

파리에서 시간 낭비하지 말고, 에펠탑 사진을 찍었으면 어서 시골로 가자. 프랑스는 철도체계가 잘 되어 있어서 목적하는 시골 인근의 주요 도시까지는 기차로 간편하게 이동할 수 있다. 시골 여행에선 운전이 필수다. 차를 렌트해야 프랑스의 시골을 제대로 느낄 수 있다. 고민하지 말고 차를 렌트해야 한다. 나는 프랑스에 출장 혹은 휴가차 방문해 시골 여러 곳을 직접 운전하며 다녔는데, 프랑스 사람들은 운전 매너가 아주 좋다. 운전하면서 단 한 번도 위협을 당한 적이 없고, 이탈리아 볼로냐에서 보았던 거리를 후진으로 달리는 자동차라거나, 아말피 해변의 깎아지른 절벽의 해안도로에서 드리프팅하는 자동차 같은 건 본 적이 없다.

또 프랑스의 고속도로는 구간에 따라 제한속도가 130km/h까지 올라간다. 운전하는 재미가 있다. 고속도로를 달리다가 국도로 달리면 아름다운 곳에서는 꼭 차를 대고 내려서 감상할 수 있는 장소를 만들어 두었다. 내려서 좀 걸으며 쉬다가, 다시 차를 타고 이동하면 된다. 그야

말로 신선놀음이다. 북적이고 지저분한 파리의 지하철에서 고생할 이유가 없다. 프랑스는 시골이다. 다시 한번 말하지만 프랑스의 시골을 제대로 보려면 운전을 해야 한다.

7월 초면 프랑스 시골 곳곳에 와인 양조를 위해 심어놓은 포도들이 뜨거운 태양의 힘을 받아 힘차게 성장을 하고 있을 때다. 운전을 하다 보면 도로 양쪽으로 펼쳐진 포도밭을 흔히 만날 수 있다. 100년이 다 된 오래된 수령의 포도나무는 정말 할아버지 같은 모습을 하고 있다. 오래된 수령의 나무에 열린 포도의 맛은 어린 수령의 나무에 열린 포도와 그 맛의 깊음에서부터 확연한 차이가 난다. 대부분의 포도밭 주인들은 포도밭 인근에 차를 대고 포도를 구경하는 것을 제지하지 않는다. 그러니 내려서 둘러보자. 물론 포도를 훼손해선 안 되고, 눈으로만 봐야 하며, 맛은 식당의 와인으로 보면 된다. 와인의 나라 프랑스에 왔다면 꼭 한번 가봐야 할 곳은 에펠탑이 아니라 바로 이 포도밭이다.

포도밭을 둘러볼 때에는 나무에 매달려 있는 포도 열매를 주로 보게 되는데, 앞으로 포도밭을 가게 된다면 나무 아래에 있는 땅을 제대로 관찰할 것을 추천한다. 시골 여행의 백미다. 땅을 관찰하려면 흙을 직접 만져봐야 한다. 그 질감을 피부로 느껴보자. 예전 프랑스의 수도사들은 포도밭 흙의 특성을 이해하기 위해 흙을 입에 넣기도 했다고 한다. 하지만 그건 참도록 하자. 흙 말고도 이 세상엔 먹을 것이 충분히 많으니. 흙을 느꼈다면 이제는 포도를 내리쬐고 있는 태양의 영험함을 느껴보자. 어렵지 않다. 실은 포도밭에서 조용히 눈만 감고 있어도 느낄 수 있다. 어떤 포도밭에서는 자글자글, 또 어떤 포도밭에서는 바삭바삭, 포도밭마다 다른 태양의 '손길'이 내 얼굴을 희롱한다. 그리고 조금 오래 머물게 된다면 어떤 질감의 바람이 포도를 쓰다듬고 있는지도 그리 어렵지 않게 느끼게 된다. 엄밀하게 말하면 포도가 와인이 되는 것이 아니라 바람, 태양, 흙 같은 이런 떼루아Terroir가 와인이 된다. 포도는 매개체일 뿐이다.

떼루아. 포도밭을 둘러싼 전반적인 환경을 일컫는다. 프랑스 시골에서 이 떼루아가 가장 중요한 곳은 누가 뭐래도 부르고뉴Bourgogne다. 떼루아에 목숨을 걸고 있는 사람들이 모여 사는 동네라고나 할까. 그래서 우리는 부르고뉴에서 여행을 시작하기로 했다. 그리하여 나는 부르고뉴의 관문인 리옹Lyon 공항에서 장 셰프와 몇 명의 동행자들과 차를 빌림으로써 만반의 준비를 끝냈다. 파리에 이어 프랑스 2대 도시인 리옹도 만나자마자 이별이다.

◇ 1 ◇

마콩

Mâcon

Netherlands
Belgium
Luxembourg
Germany
NORD-PAS-DE-CALAIS
PICARDE
HAUTE-NORMANDIE
BASSE-NORMANDIE
BRETAGNE
LE-DE-FRANCE
CHAMPAGNE-ARDENNE
LORRAINE
ALSACE
PAYS DE LA LOIRE
CENTRE
BOURGOGNE
FRANCHE-COMTE
Switzerland
Mâcon
POITOU-CHARENTES
LIMOUSIN
AUVERGNE
RHONE-ALPES
Italy
AQUITAINE
MIDI-PYRENEES
LANGUEDOC-ROUSSILLION
PROVENCE-ALPES-COTE D`AZUR
Spain

◇ France Map ◇

솔뤼트레의 바위

리옹 공항에서 A6 고속도로를 타고 북으로 향한다. A6는 리옹을 기점으로 북쪽으로는 디종Dijon(머스터드로 유명한 그 디종이 맞다)을 거쳐 파리로 연결되고, 리옹에서 남쪽으로는 A7 고속도로로 연결된다. 이 A7은 프로방스 지역으로 들어가 프랑스의 남쪽 끝, 지중해의 항구도시 마르세유Marseille까지 연결된다. 프랑스 사람들은 직선으로 연결되어 있는 A6, A7 고속도로를 합쳐서 '태양의 차도L'autoroute du Soleil'라고 부른다. 멋지다. 도로의 이름이 '태양의 차도'라니. 나도 나의 별칭이 '태양의 교수 문정훈' 이런 거면 좋겠지만 '세계 시골 전문가'가 별칭이다. 뭐, 나쁘지 않다.

프랑스를 사람으로 가정하고 위치를 보자면, 이 태양의 차도는 프랑스의 입이랄 수 있는 파리에서 항문인 마르세유까지 연결하는 소화기관이라 할 수 있겠다. 실제 이 태양의 차도 바로 주변에 프랑스에서 아주 유명한 와인 산지들이 다 모여 있다. 보르도Bordeaux만 빼고. 보르도는 사람으로 치자면, 생식기의 위치에 있다. 별다른 의미는 없다. 그냥 물리적 위치가 그렇다는 것일 뿐. 이번 프랑스 시골 여행은 총길이 302.5km인 태양의 차도를 타고 남북을 시속 130km로 달리는 것이 우리의 핵심 동선이다. 그리고 중간중간 모세혈관을 타고 프랑스 시골 곳

곳으로 들어가는 것이다.

리옹 공항을 기점으로 태양의 차도를 타고 북쪽으로 움직이기 시작하면 바로 보졸레Beaujolais 지역이 나오고, 조금 더 북쪽으로 올라가면 마콩Mâcon이라는 곳이 나온다. 거기서부터가 부르고뉴 와인 지대의 시작이다. 나중에 다시 설명하겠지만 보졸레는 부르고뉴 지역과는 일반적으로 재배하는 포도의 종류와 양조법에서부터 차이가 있다. 일단 이 보졸레 지역을 지나쳐 마콩 지역에 들어섰다. 십이지장 인근에서 내려서 모세혈관으로 진입하여 우리의 첫 목적지인 '솔뤼트레-푸이Solutré-Pouilly' 마을로 향했다.

인구가 400명이 안 되는 솔뤼트레-푸이 마을의 산업은 하나다. 포도 농사. 그리고 이 포도로 와인을 양조하고 판매한다. 그것밖에 없다. 주민 모두가 포도와 와인과 관련된 일을 하고 있다. 이 마을뿐만 아니

DOMAINE
DENUZILLER

라 이 마을을 품고 있는 인구 10만의 마콩 지역(우리나라로 치면 '읍면' 정도의 행정 구역이다)의 거의 유일한 산업이 바로 포도 농사와 와인 양조다.

우리는 이번 시골 여행의 시작을 이 솔뤼트레-푸이 마을에서 했는데 실은 나름의 이유가 있다. 부르고뉴 지방은 지형적으로 평지에 가깝다. 약간의 구릉이 있고 언덕이 있지만 (이런 지형들이 양조용 포도의 특성을 결정짓는다!) 산이라고 불릴 만한 곳이 별로 없는데, 솔뤼트레-푸이 마을엔 독특한 것이 하나 있다. '솔뤼트레의 바위Roche de Solutré'라고 불리는 큰 돌이다. 얼핏 보면 산처럼 보인다. 부르고뉴 지방을 통틀어 거의 유일하게 산의 형상을 하고 있는 물질이며, 그 높이는 해발 493m다. 인근에서 가장 높다. 이 솔뤼트레의 바위에서 2km 떨어진 곳에 '베르기송의 바위Roche de Vergisson'가 있는데 해발이 8m 더 낮다. 이왕 이 근처에 왔으면 1등 바위로 가지, 2등 바위에 가고 싶은 욕구는 별로 생기지 않는 게 인지상정. 베르기송의 바위는 생긴 것도 산의 형상보다는 좀 더 언덕처럼 생겼다.

아무튼 솔뤼트레의 바위 주위에는 온통 푸른색의 포도 나뭇잎이 바람에 흔들리고 있다. 그 어딜 봐도 끝이 없는 지평선이고 그 속에 자연스레 앉아 있는 나지막한 농가 말고는 건물조차 보이지 않는다. 이런 평온한 포도밭 사이에 갑자기 하늘 위로 번쩍 솟아오른 솔뤼트레의 바위는 마치 이 지역의 수호신처럼 보인다. 저 위에서 포도밭을 둘러보고 있는 늠름한 거인의 모습이다. 충분히 예상할 수 있겠지만, 많은 전설이 서려 있는 이 큰 바위가 이 지역의 랜드마크다.

노스페이스 회장으로부터 '등산의 민족'으로 칭송(?)받은 한국인의 눈에는 이 바위가 대단한 그 무엇으로 보이지 않을 수도 있지만, 이 마콩 지역 사람들에겐 뭐랄까, 일종의 마음의 안식처다. 예컨대 서울 사람들의 남산과 같고, 부산 사람들의 용두산 같은 그런 곳이다. 그리고 그 아래에는 멋진 포도밭이 펼쳐져 있다! 조금만 둘러봐도 한 농가가 대규모로 경작하는 곳이 아니라, 여러 농가들이 농사짓고 있는 작고 작은 밭들이 이어져 있음을 알 수 있다.

그리고 이 커다란 바위는 이 지역 포도밭에서 재배하는 포도의 특성에 영향을 미치고 있다. 이 지역 포도로 담근 와인에서는 바위 맛이 나고, 바위 덩어리에 반사되어 포도밭을 비추는 태양의 손결이 느껴진다. 농담이 아니라니까! 이 지역의 포도로 담근 와인의 맛을 느끼고 싶다면, 다음의 단어를 기억해야 한다. 푸이-퓌세Pouilly-Fuissé. 이 바윗덩어리 인근에 있는 작은 네 마을이 모여서 만든 와인에 표기하는 지역 명칭이다. 와인병의 라벨에 푸이-퓌세라는 단어가 보이면 (물론 프랑스어로 쓰여 있다) 솔뤼트레의 바위로부터 영향을 받은 와인이라고 생각하면 된다.

솔뤼트레의 바위를 품고 있는 마콩의 네 마을의 이름은 솔뤼트레-푸이Solutré-Pouilly, 퓌세Fuissé, 베르기송Vergisson, 샹트레Chaintré이다. 이 네 마을의 포도로 와인을 담가야만 '푸이-퓌세'라는 지역 명칭을 붙일 수 있다. 또 포도의 품종은 샤르도네Chardonnay로만 하기로 네 마을의 포도 농부들은 서로 약속해, 이 지역에서 나오는 와인은 오로지 화이트 와인밖에 없다. 1936년 이후로 이 네 마을의 농부들은 약속을 단 한 번도 어긴 적이 없고, '푸이-퓌세'용 포도밭의 면적을 확장한 적도 없다. 고집스럽게 그 전통을 이어오고 있는 것이다.

"교수님, 여기 진짜로 올라가실 건가요?"

장 셰프의 흔들리는 눈동자를 보니 내 마음도 흔들렸다. 비록 해발 493m밖에 안 되는 높이긴 하지만 바위 언덕을 올라가는 것은 여행의 출발에선 좀 무리라는 생각이 들었다.

"그냥 조금만 올라갔다 오죠."

깔끔하게 정리되어 있는 포도밭 사이를 지나 바위 언덕으로 향하니, 금방 경사가 가팔라졌다. 뒤를 돌아 내려다보니 얼마 올라오지도 않았는데 꽤 멀리까지 보였다. 산이 없어 막힌 곳 없이 구릉과 평야 지대가 수평선까지 확 펼쳐져 있고, 이것이 한꺼번에 눈에 들어오자 두뇌가 매우 혼란스러워하며 오작동하려고 했다. 도저히 '한눈'에 들어올 수 있는 풍경이 아니었다. 다섯 눈 정도를 써야 하니 용량 초과인 셈이다.

'저 위에서 나는 무엇이 가고 무엇이 오는지 또, 무엇이 움직이고 무엇이 움직이지 않는지 내려다보고 있었습니다.'

프랑수와 미테랑François Mitterrand 프랑스 전 대통령이 2차 대전 때 이 바위 언덕에 숨어서 레지스탕스 활동을 했다고 하니 꽤 험한 바위임이 분명하다. 그래도 우리는 바위에 가장 가까운 포도밭, 경사가 가장 가파른 포도밭에 올라가서 거인의 발치에서 자라고 있는 샤르도네 포도에 인사하고 내려왔다. 점심을 먹어야 할 시간이었다. 마지막으로 한마디만 하자면, 솔뤼트레 바위 바로 아래에 위치한 솔뤼트레-푸이 마을의 와인에서는 바위 맛이 제일 많이 난다. 진짜라니까!

모르공 마을에서 부르고뉴식 식사

솔뤼트레-푸이 마을에서 모르공Morgon 마을까지 오는 데는 30분도 채 걸리지 않았다. 솔뤼트레-푸이 마을은 마콩 지역에 있는 마을이고, 모르공 마을은 마콩 지역의 바로 남쪽, 보졸레 지역에 위치한 마을이다. 마콩은 행정적으로는 부르고뉴 지방에 속해 있지만, 보졸레는 론-알프스Rhône-Alpes 지방에 속해 있다. 모르공 마을의 정식 이름은 빌리에-모르공Villié-Morgon이다. 하지만 이 지역의 대표 산업도 포도 재배와 와인 양조이고, 모르공이라는 지역 명칭으로 와인이 판매되다 보니, 흔히들 모르공 마을이라고 부른다.

인구 2,000명의 모르공 마을 역시 포도밭으로 둘러싸여 있는데, 마콩 지역과 달리 이 지역은 주로 레드 와인용 포도를 재배한다. 이 지역에서 선호하는 포도 품종은 가메Gamay인데 레드 와인용 포도이니 잘 익으면 탐스러운 루비빛 포도송이가 열릴 터이다. 안타깝게도 내가 모르공 마을에 방문했던 시기는 7월 초였기에 한창 자라는 중이었던 포도송이는 풋풋한 초록색이었다.

우리는 모르공 마을 남쪽 끄트머리에 위치한 'Le Morgon' 식당에서 점심 식사를 하기로 예약이 되어 있었다. 구글 지도로 찾아온 식당 인근의 골목은 오래되어 소매가 약간 해지고 엉덩이 쪽은 살짝 닳아서 반

질반질해졌지만 단정하게 다린 양복을 입은 외할아버지의 모습 같았다. 여기서 식당을 찾아야 하는데, 별로 어렵지는 않다. 멀리서도 울긋불긋한 꽃이 피어난 화분들이 식당 입구에서 지붕을 이고 있는 포치Porche를 화사하게 둘러싸고 있다. 외할아버지 품에 안긴 화사한 꽃다발처럼. 구글 지도로 여기가 식당이 맞는지 정확한 위치를 확인할 필요도 없는, 누가 봐도 단박에 알 수 있는 아담하고 아름다운 프랑스 시골의 식당이다. 이 지역의 가정식을 내는 Le Morgon 옆에 차를 대고 꽃다발 속으로 성큼 들어갔다.

꽃이 가득한 외관이 눈부시니 식당 내부는 다소 어둡게 느껴졌다. 상냥한 식당 주인아주머니는 우리를 야외 테이블로 안내했다. 적당한 채광과 적당한 그늘 아래에 테이블이 준비되어 있었고, 우리는 의자에 기대어 따뜻하게 불어오는 여름 오후의 부르고뉴 바람을 즐기며 주문한 모르공 와인 한 병을 열었다. 이 땅의 흙에서 자란 포도로 이 땅에서 담근 와인이다. 잔 속의 와인에서 모르공의 흙냄새가 나는 듯하고, 끝맛은 부르고뉴 농부의 유쾌한 땀 냄새도 느껴지는 듯하다.

이번 시골 여행에서의 첫 식사다. 가장 먼저 입맛을 돋우기 위한 아뮤즈 부쉬Amuse-bouche로 이 지역의 베리류로 만든 셔벗이 우리의 입을 환영하며 깨웠다. 그리고 부르고뉴 지방에서 나는 호두와 닭고기를 함께 섞어 만든 시골식 테린Terrine과 부르고뉴의 숲에서 자라는 (실제로는 양식했을 것이 분명하지만) 달팽이를 이 지역 버터와 마늘로 함께 조리한 요리 중 하나를 선택할 수 있었다. 본식은 이 지역의 포도와 그 포도로 양조한 와인 소스로 졸인 오리 다리와 디종Dijon 머스터드 소스를 얹은 돼지 안심요리 중에서 선택해야 했다. 디저트는 여러 가지가 있었는데, 나와 장 셰프를 비롯 함께 식사를 한 친구들 대부분은 인근 브레스Bresse

지역의 꾸덕꾸덕한 특제 크림을 골랐다. 와인을 제외한 이 훌륭한 3코스 점심 세트의 가격은 고작 21유로에 불과했다. 맛이 훌륭한 것은 너무나 당연해서 구태여 이야기할 필요도 없다. 프랑스는 파리만 벗어나면 천국이다.

부르고뉴 지방의 음식을 한마디로 정의하긴 어렵지만, 내 경험으로 보자면 대체로 유제품을 많이 쓴다. 버터와 크림을 충분히 써서 고소한 맛을 풍부하게 내는데 이 유제품을 다양한 소스의 베이스로 사용한다. 한국 음식의 양념 중 이와 비슷한 역할을 하는 식재료가 참기름과 들기름이다. 흥미로운 점은 남부 부르고뉴의 출발점이랄 수 있는 리옹을 기점으로 프랑스 북쪽으로 갈수록 '풍부하고 고소한 맛'을 내는 버터를 비롯한 유제품이 많고, 남쪽으로 내려가면 올리브오일이 그 역할을 양분한다. 또 지중해 인근으로 가면 버터는 사라지고 올리브오일만 남아서 '풍부한 감칠맛'을 담당한다. 프랑스보다 더 남쪽에 위치한 이탈리아와

스페인은 두말할 것도 없다. 이런 현상이 나타나는 가장 큰 이유는 기후에 따른 각 지역의 농경 문화 때문이다. 올리브나무는 추운 곳에선 자랄 수 없다.

부르고뉴에선 음식의 소스에 들어가는 버터와 크림이 참기름과 들기름의 역할을 한다면, 간장 역할을 하는 부르고뉴의 식재료는 무엇일까? 바로 포도다. 엄밀히 말하면 이 지역 포도로 만든 와인이 그 역할을 한다. 부르고뉴식 소고기 요리라는 의미의 '뵈프 부르기뇽Boeuf bourguignon'과, 와인에 빠진 수탉이라는 의미의 '코코뱅Coq au vin' 역시 이 지역의 닭요리다. 이 두 요리의 소스가 바로 와인이다. 레드 와인으로 소나 닭을 뭉근하게 끓인 것이다. 마치 우리가 간장으로 조린 것과 비슷한 깊은 맛을 낸다. 부르고뉴의 계란 요리인 '어펜 뫼레트Oeuf en meurette'에서 이 뫼레트Meurette가 바로 레드 와인 소스를 의미한다.

이 지역의 단백질 섭취원에 대해서 조금 더 이야기해보자. 이 지역을 대표하는 단백질 식재료는 닭과 달팽이 그리고 개구리다. 특히 브레스 지역의 토종닭은 세계적인 식재료로 알려져 있고 닭으론 가장 비싼 몸값을 받는다. 이에 대해선 나중에 따로 상세히 이야기하고자 한다. 왜냐하면 내 친구 하나가 브레스 닭 농장을 운영하고 있으니까. 부르고뉴는 달팽이의 주요 산지로도 유명하며, 이 지역에서는 일상적인 식재료로 쓰인다. 주로 전식으로 많이 먹는데 버터와 허브로 조리하는 것이 부르고뉴 방식이다. 개구리도 달팽이처럼 부르고뉴 지방의 전통 식재료로, 주로 버터와 허브로 볶아 먹는다. 특히 브레스 지역은 습지가 많아서 곳곳에 개구리 농장이 있다. 자연적인 저수지와 연못이 수백 개가 넘는다. 참고로 부르고뉴에선 개구리를 먹을 때 몸통은 먹지 않고 뒷다리만 먹는다.

이 지역 음식은 버터와 크림 등 유제품을 많이 쓰기 때문에 일반 한국인의 입장에서는 한 끼 먹는 것으론 좋은데, 연달아 먹기에는 풍부한 맛과 기름짐에 금방 힘들어지기 시작한다. 대부분의 한국인은 두 끼 정도 먹고 나면 김치에 대한 갈망과 함께 고통을 호소한다. 그래서 이 지역에 존재하는 최고 궁합의 음료가 바로 와인인 것이다. 부르고뉴에서 와인은 김치이자 주스다. 부르고뉴의 음식은 부르고뉴의 피노 누아Pinot Noir 품종의 포도로 담근 루비빛 와인과 함께 먹을 때 그 맛이 가장 화사하고 아름답다. 풍성한 부르고뉴의 식탁에 와인이 빠지면 그 식사는 타이어 빠진 캐딜락을 모는 것과 같다. 제대로 굴러갈 리가 없지. 때문에 이 동네에서는 점심때 낮술 한잔 안 하는 사람을 찾기 힘들다. 하지만 낮이든 밤이든 술에 휘청이는 사람도 없다. 부르고뉴 사람들은 느긋하지만 나름의 절도가 있다.

우리는 첫 끼를 프랑스 사람들처럼 느긋하게 먹고 느긋하게 숙소가 있는 보나Vonnas로 향했다.

샤토 드 베세울

해 질 녘 붉게 타오르기 시작하는 한쪽 하늘. 반대쪽 하늘은 여전히 새파랗고, 초록빛 대지에는 바람에 말랑말랑 흔들리는 포도 잎이……. 이런 와이너리의 풍경 안에 녹아들어 와인 한 잔과 식사를 하는 상상. 멋지다. 그것도 와인의 성지 부르고뉴에서 그럴 수 있다면? 그러나 부르고뉴에선 이런 식사가 쉽지 않다. 부르고뉴 다수의 와이너리는 이런 '서비스' 자체를 제공하지 않는다. 자본이 집약되어 있는 캘리포니아 나파밸리의 거대한 와이너리에서나 가능한 일이다.

부르고뉴 대부분의 와이너리는 우리가 생각하는 그런 와이너리가 아니다. 양조장보단 포도 농사를 짓는 농가라고 생각하면 된다. 멋진 장식이 있는 건물도 없으며, 방문객을 받는 곳도 매우 드물다. 농부가 흙과 함께 사는 시골집이 부르고뉴의 와이너리다. 내 기억에 인상적으로 남아 있는 와이너리에서의 식사는 이탈리아 플로렌스 외곽에 있는 안티노리Antinori 와이너리에서였다. 와이너리에서 따로 레스토랑을 운영하고 있었고, 너무나 훌륭한 식사였으나 우리가 상상하는 전원적인 경관은 아니었다. 안티노리의 실제 포도밭은 다른 곳에 있었고, 식당 앞에는 인위적으로 조성해놓은 '관상용 포도밭'이 있었다. 현실감이 없는 시골, 너무나 화려한 와이너리에서의 화려한 식사였다. 그래도 안티노리 와이너리에서의 식사는 플로렌스에 갈 일이 있다면 꼭 한번 경험해볼 것을 추천한다. 훌륭한 식사였으므로.

이번 프랑스 시골 여행에서 나는 부르고뉴 와이너리에서의 식사를 포기할 수 없었다. 그래서 찾고 찾고, 또 찾았다. 그리하여 앞서 언급한 상상 속의 와이너리와 가장 비슷한 곳을 결국 찾아냈다. 나는 예전부터 '인터넷에서 무언가를 찾는 것'에 꽤 재능이 있었다. 특히 학창시절 내가 쓰고 있던 논문의 주요 논리들을 연결해줄 만한 '거인의 어깨'를 기가 막히게 잘 찾아내는 것으로 동료 학생들로부터 부러움을 샀는데, 그 재능이 이제는 식당 찾는 쪽으로 발전했다. 이제야 정말로 쓸모 있어진 재능이랄까.

해가 질 무렵, 보나의 숙소에서 차를 타고 40분을 달리니 다시 마콩 지역으로 진입했다. 그곳에 있는 와이너리 '샤토 드 베세울Château de Besseuil'은 훌륭한 와이너리이자 호텔이며 레스토랑으로, 우리가 저녁 식사를 할 곳이었다. 이 샤토의 메인 건물을 중심으로 와이너리를 위에서 내려다보면 건물 앞쪽의 부속 건물에 레스토랑이 있고, 메인 건물의 일부는 객실로 사용하고 있으며, 건물 뒤쪽에는 작고 아름다운 정원이 있다. 이 정원을 나가면 드넓은 마콩의 평원에 샤르도네 포도나무가 줄지어 서 있다. 샤토 드 베세울의 포도밭이다. 그 사이를 누구든 맘껏 거닐 수 있다. 그리고 배가 슬슬 고파오면 와이너리의 레스토랑에서 식사를 하면 된다. 와이너리 옆에는 목장이 있어서 말들이 뛰어다니니, 실로 부르고뉴다운 시골의 아름다운 모습이다. 하나 안타까운 게 있다면 레스토랑에서는 포도밭이 보이지 않는다는 점. 그것 말곤 완벽한 와이너리 식사를 즐길 수 있는 곳이 샤토 드 베세울이다. 상쾌한 레몬그라스 향이 도드라지는 베세울의 화이트 와인과 함께 부르고뉴식 식사를 즐

기면 진짜 부르고뉴다.

내가 다시 부르고뉴를 방문하게 된다면, 나는 반드시 이 샤토 드 베세울의 객실에서 적어도 하루는 머물 것이며, 매일 아침 포도밭 사이를 말처럼 뛰어다닐 것이고, 매일 해가 질 무렵에 이 훌륭한 베세울의 레스토랑에서 돼지처럼 식사를 할 것이다. 식사 비용도 그리 비싸지 않아 더욱 매력적인 곳. 그러나 나도 모르게 와인을 과음하게 되고, 다음날 식사보다 훨씬 비싼 술값을 확인하면서 마치 와이파이를 잃은 한국인처럼 슬퍼하는 곳.

◇ 2 ◇

브레스

Bresse

Netherlands
Belgium
Luxembourg
Germany
NORD-PAS-DE-CALAIS
PICARDE
HAUTE-NORMANDIE
BASSE-NORMANDIE
ALSACE
LORRAINE
LE-DE-FRANCE
CHAMPAGNE-ARDENNE
BRETAGNE
PAYS DE LA LOIRE
CENTRE
BOURGOGNE
FRANCHE-COMTE
Switzerland
Bresse
POITOU-CHARENTES
LIMOUSIN
AUVERGNE
RHONE-ALPES
Italy
AQUITAINE
MIDI-PYRENEES
LANGUEDOC-ROUSSILLION
PROVENCE-ALPES-COTE D'AZUR
Spain

◇ France Map ◇

보나 마을

보나Vonnas 마을을 한마디로 정의하자면 '위대한 셰프 조르주 블랑Georges Blanc의 영지'라고 할 수 있다.

조르주 블랑은 1943년생으로 부르고뉴 브레스 지역 출신의 이제 곧 여든을 앞둔 초베테랑 셰프다. 실은 블랑 가문은 아주 오래전부터 이 동네에서 요리로 유명했다. 부르고뉴 인근 지역에서 가장 큰 도시인 리옹에서 마차를 타고 블랑 가문의 음식을 먹으러 오기도 했다고 한다. 지금이야 차로 1시간 남짓이면 오지만 마차로는 꽤 오랜 시간이 걸렸을 것이다. 멀미도 심했을 것이고. 그래서 블랑 가문은 자연스럽게 호텔을 운영하게 되었고, 그 전통이 지금까지 내려오게 되었다.

보나 마을 안에는 '빌라주 블랑Village Blanc'이 있고, 흡사 조르주 블랑의 왕국 같기도 하다. 조르주 블랑 테마파크라고 보면 될까? 이곳에는 조르주 블랑의 훌륭한 호텔이 2개, 또 역시 조르주 블랑의 훌륭한 레스토랑이 2개가 있다. 물론 작은 빵집과 선물가게, 정육점 등 여러 상점도 있다. 이 마을 어딜 돌아다녀도 '조르주 블랑을 찬양하세요'라는 메시지가 들려오는 것 같다.

빌라주 블랑의 중심 시설인 5성급 호텔 Hôtel Georges Blanc의 1층에는 미슐랭 3스타 식당인 Restaurant Georges Blanc이 있다. 호

텔에서 1분 거리에 미슐랭 플랏 등급 레스토랑 L'Ancienne Auberge 1900이 있다. 이 레스토랑은 합리적인 가격으로 부르고뉴 로컬 식재료 중심의 음식을 만날 수 있는 곳이다. 또 역시 1분 거리에 3성급 호텔인 Hôtel Les Saules가 있다. 여행 비수기에 이 3성급 호텔을 예약해서 가면, 운 좋게 바로 앞 5성급 호텔로 승급될 수도 있다. 우리가 그런 케이스였다. 물론 호텔을 예약하면서 조르주 블랑 레스토랑 만찬을 예약했기 때문에 행운을 거머쥘 수 있었던 것 같기도 하다. 그러고 보니 L'Ancienne Auberge 1900에서 두 번의 식사도 함께 예약했었다. 음, 승급 받을 만도 한가?

Hôtel Les Saules의 1층에는 와인 숍이 있다. 내가 고른 와인을 야외에 놓인 하이 체어에 앉아서 마실 수 있다. 아마 고급 부르고뉴 와인을 가장 저렴하게 구입해서 마실 수 있는 장소이지 않을까? 와인잔은 그냥

Georges Blanc
VONNAS - FRANCE

32€00
60€00
239,00€ 175 X 175 CM

가져다준다. 바로 옆 건물엔 조르주 블랑이 운영하고 있는 샤퀴테리아(돼지 가공육, 소시지, 살라미 등 다양한 육류와 내장으로 만든 샤퀴트리를 판매하는 곳)가 있으니, 거기서 부르고뉴식 소시송(고기에 양념을 한 뒤 창자에 채워 만든 샤퀴트리의 일종)을 하나 사갖고 오자. 와인 나이프로 슥슥 잘라서 부르고뉴 와인과 마시면 반나절이 그냥 지나간다.

나는 보나 마을에서 2017년부터 3년 연속으로 세 번 머물 기회가 있었는데, 이 중 두 번은 장준우 셰프와 함께 왔다. 일단 둘만의 밀월여행은 결코 아니었음을 분명히 하고 싶다. 둘 다 '각각의' 행복한 가정을 이루고 있다. 보나에 두 번째로 갔었던 2018년, 와인 나이프를 상비하고 다니는 장 셰프 덕분에 보나에서 머무는 사흘 동안 부르고뉴 여름의 뜨거운 햇볕 속에서 하루가 멀다 하고 와인 한두 병을 비웠고, 그 다음엔 조르주 블랑의 레스토랑으로 이동하여 저녁 식사를 즐겼다. 다양한 샤퀴트리와 와인으로 즐긴 오후였다.

부르고뉴 지역을 여행할 때 보나 마을을 베이스캠프로 차리는 것이 상당히 좋은 여행 경험을 만들어준다고 판단이 되는 이유가 있다. 이른 아침부터 움직이기 시작하면 근처의 와이너리나 농장들을 둘러보고, 점심 식사까지 느긋하게 마친 뒤에도 호텔로 돌아와 쉬거나 운동을 할 수 있는 여유가 생긴다. 부르고뉴의 웬만한 와인 산지는 보나 마을에서 다 1시간 반 이내에 있다. 점심 식사 후에 다른 마을을 둘러보는 것도 좋다. 그리고 다시 보나 마을로 돌아와 늦은 오후부터는 식전 와인을 즐기다가 바로 저녁 식사로 돌입. 대리운전을 부를 필요도 없다. 물론 부르고뉴에 대리운전이 있지도 않지만. 아! 이런 릴랙스 여행이 또 어디 있을까?

보나 마을의 와인 숍 앞에 앉아 와인을 홀짝이고 있으면 식재료를

La Cour aux Fleurs

옮기는 수습 요리사들, 단정하게 입은 조르주 블랑의 웨이터들이 줄지어 출근하는 것이 보인다. 각 잡힌 높은 토크Toque를 쓴 셰프들이 알아들을 순 없어도 어쩐지 주방 내 정치에 대해 열띤 토론을 하는 듯한 모습도 보이고. 또 그리 어렵지 않게 자신의 영지를 순찰하고 있는 조르주 블랑을 만날 수 있다. 영어를 곧잘 하는 그와의 대화는 길진 않아도 즐거웠다.

"셰프 우리 딱 1년 전에 만났던 거 기억하나요?"

"아 그랬나요? 내년에도 또 볼 수 있으면 좋겠네요. 내가 은퇴하지 않는다면."

"노우. 셰프는 아직 은퇴할 때가 아니에요."

"그래요. 나도 아직 은퇴하고 싶진 않아요."

보나 마을은 시골이라고 하기엔 고급스럽고 화려한 동시에, 비즈니스적 감성이 많이 녹아 있는 것이 사실이다. 하지만 조용하고 아늑하며, 부르고뉴 전통이 진하게 녹아 있다는 점에서 프랑스 시골 여행에서 휴양차 들러볼 만한 곳임에는 분명하다.

조르주 블랑

2020년, 전 세계를 강타한 코로나가 아니었으면 어쩌면 나는 2017년 이후 4년 연속 보나 마을을 방문했을지도 모르겠다. 이유는 이렇다. 내가 이끌고 있는 서울대학교 푸드 비즈니스랩은 '국내 토종닭 품종의 보급 및 소비 확산 관련 국가 프로젝트'를 2017년부터 수행하고 있다. 프랑스는 소위 산업화된 국가 중에서 거의 유일하게 토종닭의 소비가 전체 닭 소비의 30%를 넘는 국가이며, 그 중심이 바로 부르고뉴 브레스 지역의 토종닭인 '브레스 닭'이다. 부르고뉴 브레스 지역의 보나 마을은 조르주 블랑Georges Blanc이라는 이 브레스 토종닭의 수호신이 살고 있는 곳이다. 그러니 방문하는 것은 당연하지 않은가. 조르주 블랑 셰프는 현재 브레스 닭 생산자협회의 협회장이다. 내가 지금까지 정말 많은 국내외 농축산물 생산자 단체의 장을 만나봤지만 생산자가 아닌 셰프가 단체장을 하는 경우는 조르주 블랑이 처음이다.

이 책을 읽고 있는 당신이 우리나라에서 '토종닭은 스테이크 형태로 구워 먹는 게 맛있다'라는 이야기나 관련 레시피를 어디선가 들어봤다면 그건 2017년부터 3년간 나와 내 친구들이 브레스 지역을 방문했던 것과 깊은 관련이 있다는 것을 알아주길 바란다. 이 지역에서 배운 토종닭 관련 식문화와 우리나라 전남 광양의 토종닭 석쇠 숯불구이 문화, 그리고

Georges Blanc

VOLAILLE de BRESSE
naturelle

Georges Blanc
Jeudi 4 Juillet 2019

2010년대 후반부터 한국에서 유행한 팬 프라이 스테이크 문화를 결합하여 국내 토종닭 품종의 소비 확산에 힘쓰고 있다. 종자주권 확보, 종다양성 확보, 무엇보다도 맛있게 먹고 살자는 의도로 토종닭을 구워 먹는 문화 확산에 노력하고 있다.

앞서 말했듯 부르고뉴 브레스 지역 출신의 조르주 블랑은 집안의 전통을 이어받아 자신의 이름을 딴 호텔과 미슐랭 3스타 레스토랑을 중심으로 부르고뉴 지역에 10여 개의 식당을 운영하고 있다. 그의 모든 레스토랑의 핵심 주제는 '브레스 토종닭'이다. 조르주 블랑 레스토랑을 상징하는 로고의 정체도 바로 브레스 토종닭이다. 이 브레스 토종닭을 식당의 심볼로 사용하는 또 다른 셰프가 있었는데, 역시 같은 부르고뉴 지역 출신으로 2018년에 타계한 폴 보퀴즈Paul Bocuse다. 폴 보퀴즈와 조르주 블랑은 브레스 토종닭의 길잡이로서의 역할을 해왔다.

1926년에 태어난 폴 보퀴즈는 1960년대 현대 프랑스 요리, 누벨 퀴진Nouvelle Cuisine(1970년대에 프랑스 고전요리에 대한 반발로 등장한 요리법)의 창시자이다. 당시 그의 요리 방식은 미래에 등장하게 될 '분자요리'의 근간이 된다. 그의 고향은 부르고뉴의 '콜롱주 오 몽 도르Collonges-au-Mont-d'Or'다. 그곳은 브레스에 인접한 곳이었으니 아마도 브레스의 닭을 충분히 접하면서 자랐을 것이다. 보퀴즈는 1960년대에 브레스 토종닭협회와 손잡고 브레스 토종닭의 길잡이가 되어, 브레스 토종닭의 식재료로서의 가치를 끊임없이 발굴하고 알렸다. TV에 출연하고, 신문과 잡지에서도 브레스 토종닭을 이야기했다. 그가 도쿄로 날아가 호텔 주방에서 프랑스 음식에 대해 설명할 때도 도마 위에는 브레스 토종닭이 올라 있었다. (일본은 주요 브레스 토종닭 수입국이 되었다)

그리하여 1970년대 이후 이 브레스 토종닭이 대중에게 알려지게 되었을 때, 미슐랭 3스타 셰프인 조르주 블랑이 혜성과 같이 등장하여 브레스 토종닭을 세계 최고의 식재료로 만들었다. 뛰어난 요리사이자 소믈리에인 블랑은, 어렸을 때 동네에서 기르던 브레스 토종닭이 정체 모를 닭에 의해 대체되어 사라지는 것을 보고 참을 수 없는 분노를 느꼈다고 했다. 그때의 분노를 근간으로 조르주 블랑은 한 단계 더 나아가 프랑스 브레스 토종닭 생산자협회의 협회장이 된 것이다.

나는 이 동네에서 몇 차례 브레스 토종닭을 생산하는 농부들을 만나러 가서 슬쩍 심문(?)을 해봤다.

"브레스 토종닭협회의 협회장이 농부가 아닌 셰프인데, 괜찮나요? 조르주 블랑이 브레스 생산 농가들을 위해서 잘하고 있나요?"

그들의 답은 한결같았다. 그는 훌륭한 사람이고, 그가 아니었으면 브레스 토종닭이 이렇게 성장할 수 없었을 것이라고. 다만 한 도계장 관계자는 이렇게 말했다.

"셰프 블랑이 자기네 레스토랑에서 납품할 브레스 토종닭 가격을 좀 깎아달라고 해서 짜증났었죠. 그래서 이젠 그 양반 레스토랑에는 안 팝니다."

이 답도 충격이었다. 조르주 블랑은 협회장임과 동시에 세계적인 셰프이며, 브레스 닭은 그의 손에 의해 가치가 올라간다. 그런 지위를 가진 사람의 요청을 단칼에 거절할 수 있다니. 그의 요청을 거절할 수 있는 수직적이지 않은 분위기가 느껴지는 대목이다. 아! 조르주 블랑. 그는 분

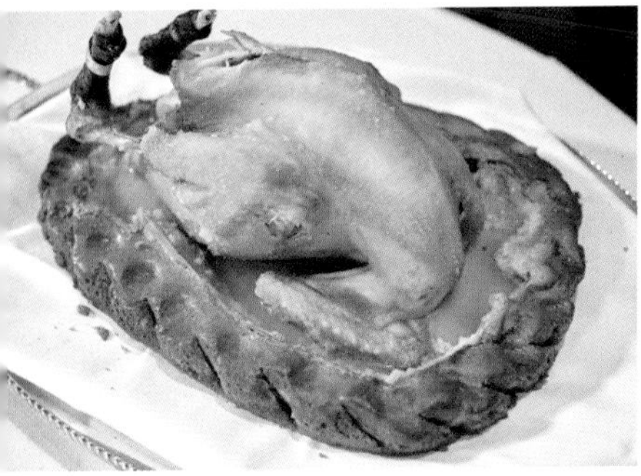

EURSAULT-PERRIÈRES
PREMIER CRU
2001
DOMAINE DES COMTES LAFON

명히 나쁜 사람이 아닌 게 분명하다.

그리하여 우리는 조르주 블랑의 미슐랭 3스타 레스토랑에 가서 그를 만났고, 30분 정도 인터뷰를 한 뒤, 그의 시그니처 브레스 토종닭 요리를 먹었다. 내 인생 최고의 닭이 내 입속으로 들어오는 순간이었다. 여기서 잠깐! 이 시대의 위대한 셰프인 블랑과 어떤 대화를 나누었는지 궁금하지 않은가?

“문 교수, 내가 말이죠. 평생을 브레스 토종닭으로 요리를 했지만 여전히 가장 큰 고민은 어떻게 하면 다리살과 가슴살을 동시에 맛있게 요리할 수 있을까에 대한 것이에요. 지금도 고민 중이죠. 잘 알겠지만 닭 다리에는 뼈가 있고, 다리뼈는 열전도율이 매우 떨어지죠. 그래서 다리를 가슴살과 함께 조리하면 가슴살이 언제나 먼저 익게 되니 수분이 빠져나가 뻑뻑해집니다. 그렇다고 가슴살에 타이밍을 맞추면 다리가 덜 익어버리는 문제가 있죠. 브레스 토종닭의 다리와 가슴을 둘 다 완벽하게 맛있게 조리하는 법이 무엇일까요? 물론 가장 쉬운 방법은 따로 익히는 겁니다. 그러나 고객은 각 부위가 다 붙어 있는 한 마리 닭을 원해요. 뭔가 보완이 필요합니다. 우리는 지금 이 순간에도 끊임없이 연구하고 있어요.”

천재 셰프 조르주 블랑도 뻑뻑해지는 닭가슴살에 대해서 고민하고 있다. 바꾸어 말하자면, 이 세상에 원래 뻑뻑한 닭가슴살은 없다는 것. 잘못 조리되어 뻑뻑해진 닭가슴살만 존재한다는 것이다.

2018년과 2019년, 내가 방문했을 때 조르주 블랑의 해법은 브레스 토종닭 바깥에 소금 반죽옷을 두껍게 붙여 오븐에 집어넣어 익히는 것이었다. 조르주 블랑의 수제자가 주방에 함께 들어가서 '소금 반죽옷' 시범을 보여주었는데, 부위별 소금 반죽옷 두께를 뭔가 다르게 하는 듯한 느낌이 들기도 했지만 나는 조르주 블랑의 매직을 잘 이해하진 못한다. 핵심은 브레스 토종닭의 근육 내 수분감이 달아나지 않도록 하면서 가슴과 다리가 골고루 맛있는 '기가 막히는 타이밍'을 찾아내는 것이다.

폴 보퀴즈의 레스토랑은 조르주 블랑의 레스토랑에서 1시간가량 떨어진 곳에 있다. 2018년, 모든 셰프들로부터 존경받는 폴 보퀴즈가 막 타계한 후 방문했던 폴 보퀴즈 레스토랑에서는 그가 생전에 개발했던 브레스 토종닭 요리 'Mère Fillioux'를 주문했다. 좀 우습게 들릴 수 있겠지만 돼지 방광에 싸인 채 1시간 동안 오븐에서 조리한 후 테이블로 올라오는 이 '역사적인' 브레스 닭 요리를 마주할 땐 마음 한편에 울컥하는 느낌도 들었다. 보퀴즈는 그 나름대로 돼지 방광 속에 브레스 토종닭을 넣어 익히는 방법으로 닭가슴살과 닭다리를 모두 맛있게 먹을 수 있는 최적의 솔루션을 제시하고 있었다. 돼지 방광 특유의 지릿한 향을 입히는 것 또한 의도된 조리법이지만 호불호가 갈리는 레시피였다. 이 두 명장의 방식 중에 뭐가 더 나은 선택일까? 인류의 난제다. 닭가슴살과 다리를 함께 맛있게 먹을 수 있는 조리 방식. 인류의 닭에 대한 조리과학은 계속 진화하고 있다.

L’Ancienne Auberge 1900

“자, 이렇게 브레스 닭의 다리를 잘라서 버터가 녹고 있는 무쇠 주물 솥에 올립니다.”

조르주 블랑의 세컨드 레스토랑 L’Ancienne Auberge 1900의 셰프는 능숙한 손놀림으로 네 조각으로 쪼갠 브레스 닭의 허벅지와 다리를 가지런히 솥에 올렸다. 그런데 세상에! 브레스 닭의 육색이 새빨갰다. 익힌 닭고기는 하얀색이어야 하는데 빨간 닭고기라니!

닭의 붉은 육색은 품종 특성에서 기인한 것도 있겠지만, 기본적으로 장기간 방목 사육된 닭에서 나타나는 현상이다. 특히 움직임이 많은 다리 부위일수록 육색이 더 붉다. 이게 닭고기라고 누가 알려주지 않는다면 많은 사람들이 ‘소고기? 소고기찜 아냐?’라고 생각할지도.

셰프는 ‘붉은 닭고기’를 지지기 시작했다. 그런데 다리만 지진다. 다리를 제외한 가슴살과 몸통은 오븐에 바로 들어간다. 어째서? 다리의 껍질이 솥 안에서 황금빛으로 익어가자 곧이어 크림과 다른 향신료가 투입된다. 닭다리가 서서히 끓어오른다. 그럼 가슴은? 가슴살은 언제 조리를 하는가?

“가슴살은 지금 넣으면 다리보다 먼저 익고 수분이 빠지면서 맛이 없어집니다. 반드시 따로, 오븐에서 천천히 익힌 후, 나중에 이 솥에 다시 집어넣어서 소스를 살짝 끼얹어 조리를 마칩니다.”

부드럽고 풍부한 향의 전통 브레스 크림닭이 완성되는 순간이다.

레스토랑 조르주 블랑

미슐랭 3스타 레스토랑 '조르주 블랑'의 중년 수석 셰프는 브레스 토종 생닭을 조심스럽게 소금 반죽(밀가루 5 : 소금 5)으로 감싸면서 이야기했다.

"닭과 이 소금 반죽 사이에 절대 틈이 생겨선 안 됩니다. 그게 핵심이죠. 틈이 생기면 오븐에 익히는 과정에서 육즙이 흘러나오고 향이 빠져나오죠. 조리 과정에서 수분이 빠져나오지 않게 하는 게 핵심이에요. 수분이 빠지면 끝입니다."

그는 능수능란하게 온몸을 쓰며 닭을 소금 반죽으로 감쌌다. 1시간 후 조르주 블랑의 시그니처 메뉴 '소금 크러스트 닭'은 완벽한 자태로 나왔으며, 잘 구워진 쿠키 냄새 말고는 그 어떤 '닭 냄새'도 나지 않았다. 홀 직원이 칼로 소금 크러스트를 푹 찔러 틈을 내자, 미친듯한 브레스 닭의 육향이 소금 크러스트의 틈을 비집고 나와 조르주 블랑 레스토랑의 홀을 미칠 것 같이 가득 채웠다. 식재료는 그들의 손을 거쳐 위대한 식재료로 재탄생되었다.

치즈 카트

'한식이란 무엇인가?' 이 질문에 답하기란 참 어렵다. 마찬가지로 '프렌치 퀴진French Cuisine이란 무엇인가?'라는 질문도 답하기가 어렵다. 일반적으로 보았을 때 프랑스 음식은 고급스러우면서도 열량이 높고, 긴 코스 요리라 시간이 많이 걸리고, 와인과 같이 먹는다는 인식이 강하다. 맞는 이야기이기도 하고 틀린 이야기이기도 하다. 프랑스의 시골 서민 음식에 긴 코스 요리가 있을 리 만무하며, 고급스럽기도 어렵다. 그리고 지역별 특색도 매우 강해서 한마디로 일반화하기 어렵다.

그러나 '조르주 블랑'에 대한 이야기 중이니 뭔가 고급스럽게 들리는 가스트로노미Gastronomy를 잠깐 살펴보자. 가스트로노미를 한국어로 정확히 번역하기는 어렵지만 가장 비슷한 단어는 아마 미식美食이지 않을까. 즉, 가스트로노미란 음식에 대한 예술적 기법에 관한 것이며 (나는 이 정의에 동의하지 않는 쪽이지만) 어떤 부류의 사람들이 먹더라도 훌륭하다고 느낄 수 있는 즐거움을 주는 음식에 관한 것이다. 가스트로노미는 '맛있는 음식'만을 의미하는 것이 아니라 조리 기술, 식문화, 농업, 예술, 미학 등과 관련되어 있고, 음식을 예술의 경지로 끌어올린 개념이라는 것에는 틀림이 없다. 그리고 그 출발점에 흔히들 프랑스가 있다고 이야기한다.

음식을 예술의 경지로 끌어올리기 위해서는 무엇보다도 '풍족함'이 바탕이 되어야 한다. 모든 예술이 그렇지 아니한가. 허기를 채우기 위해 힘겹게 채집하고, 양을 늘리기 위해 맛없고 질긴 부위까지 끓여서 먹어야 한다면 예술과의 거리는 멀어지고 생존을 위한 절절한 현실에 더욱 가까워질 뿐이다.

프랑스에서 가스트로노미가 발전하게 된 건 절대 왕정 시대 때였다. 배고픔이 무엇인지 몰랐던 왕족과 귀족의 요리사들이 평생을 바쳐 '어떻게 하면 식재료를 예술의 경지에 이르게 할 수 있을 것인가'를 고민하면서부터다. 이후 18세기 프랑스 시민혁명기를 거치며 그들과 그들의 제자들이 대중 속으로 들어오면서 본격적으로 확산되기 시작했다. 또 19세기를 거치며 시차를 두고 음식이 서빙되는 러시아 방식을 프렌치 퀴진이 적극적으로 받아들였다. 20세기에 접어들며 앞서 언급했던 천재 요리사 '폴 보퀴즈'는 프렌치 퀴진을 접시에 담긴 모습이라거나, 영양학적으로나 지금의 현대적인 모습으로 완성시켰다. 물론 현대 한식이 계속해서 변하듯, 현대 프렌치 퀴진도 변화하고 있다.

고객 관점에서 레스토랑에 방문하여 경험하는 현대 프렌치 퀴진 코스 요리의 시작은 아뮤즈 부쉬Amuse-bouche부터다. 일종의 작은 애피타이저다. 메뉴판에 없는, 셰프의 깜짝 선물 같은 것이다. 애피타이저가 나오면서 본격적인 코스가 시작된다. 조르주 블랑의 코스 요리도 마찬가지다. 그다음부터는 셰프의 의도와 레스토랑의 특성에 따라서 몇 가지 변주가 존재하는데, 어쨌든 메인 디시는 고기인 경우가 대부분이다. 메인 디시를 마치고 나면 디저트로 넘어가기 마련이고, 전 세계의 유명 레스토랑은 모두 이 형식을 따른다. 그런데 정통 프렌치 퀴진 코스 요리에선 메인 디시와 디저트 사이에 코스가 하나 더 있다.

메인 디시를 끝내고 플레이트를 물릴 쯤, 저 멀리서 카트가 돌돌돌 굴러들어오는 소리가 들린다. 이것이야말로 프렌치 퀴진만의 특징이고, 다른 문화권의 가스트로노미에서 흉내내려고 해도 하기 힘든 프렌치 가스트로노미의 정수다. 천년이 넘는 지리적 특성과 지역 문화가 녹아 만들어낸 프랑스만의 독특한 그 무엇이니 그럴 수밖에.

"무슈, 프랑스 각 지역의 치즈입니다. 22종을 준비했습니다. 무엇을 드시고 싶으십니까? 하나씩 설명을 해드리겠습니다."

자, 식사 중 갑작스런 프랑스 지리 강의가 시작된다. 이렇게 즐거운 지리 공부라니! 무려 7~8분이 순식간에 사라진다. 치즈 담당 직원도 눈을 반짝이는 손님의 질문에 자긍심을 가지고 성심껏 설명한다. 설명이 끝나면 살짝 삐죽이는 손님의 질문이 이어지곤 한다.

"치즈를 몇 개까지 선택할 수 있나요?"

좋은 식당일수록 이때 직원의 어깨가 더 으쓱해진다.

"무슈, 당신이 원하는 만큼 골라 드시면 됩니다."

대부분의 식당에선 두세 개만 고를 수 있다는 대답이 돌아오곤 한다. 물론 20여 종을 다 골라 먹는 진상 손님은 거의 없겠지만, 치즈를 많이 고르는 손님은 자연스레 와인을 한 병 더 주문하게 된다. 치즈만 계속 먹긴 어렵고, 치즈의 가장 훌륭한 친구는 와인이기도 하니까. 그 와인이 레스토랑에 높은 마진을 남긴다.

영국이나 다른 문화권의 레스토랑에서 이를 흉내내서 자기네 나라의 각 지역의 치즈를 활용한 치즈 카트를 운영하는 것을 본 적이 있다. 좋은 시도다. 하지만 프랑스의 치즈 카트만큼 확연히 다른, 다양한 치즈를 갖고 있는 나라는 아직 보지 못했다. 미국에선 납작한 슬라이스 체더 치즈를 내려나?

우리는 김치 수레가 어떨까? 맨 마지막에 밥상 낼 때, 각 지역의 다양한 김치를 담은 김치 수레를 끌고 나가는 거지. 와 밥도둑이겠는데? 김치 친구는 밥. 그러니 밥 한 그릇 추가에 만 원. 에이, 그건 우리 정서에 안 맞네. 안 맞아.

브레스 닭

"당신이 뭘 먹는지 이야기하면, 당신이 어떤 사람인지 맞히겠소."

이 유명한 말을 남긴 프랑스 법학자이자 정치가인 브리야-사바랭 Brillat-Savarin은 1825년에 출간한 그의 저서 『맛의 생리학』에서 이 브레스 지역의 토종닭을 모든 닭 중의 여왕이자 왕들의 닭이라고 하였다. 브레스 토종닭은 오래전부터 명성이 자자했다. 이 브레스 토종닭이 문헌에 처음 나타나는 시기는 무려 1591년으로 거슬러 올라간다.

브레스 토종닭의 볏은 새빨간 색이다. 몸통은 눈처럼 하얗다. 그 어떤 다른 색이 나타나선 안 된다. 다리는 파란색이다. 프랑스 국기와 동일한 색의 패턴을 가지고 있다. 그래서 프랑스인들로부터 더 많은 사랑을 받고 있기도 하다. 수탉을 의미하는 '르 코크Le Coq'는 프랑스를 상징하는 동물이다. 프랑스인들은 이 단어를 들으면 높은 볏에 가슴을 바짝 들고 있는 당당한 모습의 전투적인 수탉을 떠올린다. 한국인들은 토종닭이란 단어에 백숙을 떠올리겠지만.

아무튼 닭 중의 닭이 브레스 토종닭인데, 1957년에 브레스 토종닭은 그 명칭과 품질이 법적으로 규정되고 보호되는 AOC(Appellation d'Origine Contrôlée: 원산지 명칭 통제) 인증을 받았다. 지금은 이

AOC 인증을 EU가 EU 공동 인증으로 발전시킨 지리적 표시 인증인 PDO(Protected Designation of Origin: 원산지 명칭 보호) 인증을 받았다. 2020년, 닭 중에서는 유일한 PDO 인증이다.

'PDO 인증을 받는다'는 이야기는 무슨 의미일까? 유전적 특성을 규정짓는 품종부터 당연히 브레스 토종닭이어야 하고, 반드시 브레스 지역 내의 땅에서만 기를 수 있다. 사육 방식도 철저히 규정된 브레스 전통의 방식으로만 길러야 한다. 병아리가 농장으로 오게 되면 35일간은 계사 안에서 육성되다가, 35일이 지나면 방목을 시작한다. 사료는 습지가 많은 브레스 지역의 풀밭에서 뛰어놀며 벌레를 잡아먹고 브레스의 물을 마신다. 먹이는 아무것이나 줄 수 없다. 농부는 브레스 닭에게 브레스 지역에서 생산한 옥수수와 밀을 주고, 우유를 먹인다. 사실 닭이 우유를 소화한다는 과학적 근거는 부족하지만, 예전의 방식을 고수한다. 그게 원칙이다.

브레스 토종닭을 키우는 농가는 최소 0.5ha 이상의 목초지를 갖고 있어야 하고, 닭 한 마리당 무려 10㎡의 공간을 확보해야만 한다. 도축시기도 마음대로 할 수 없다. 최소한 4개월 이상 길러야 하고, 체중은 1.2kg을 넘어야만 브레스 토종닭으로 인정받는다. 그리고 출하하기 2주 전엔 케이지에 넣고 집중적으로 브레스에서 생산한 우유, 밀, 옥수수를 먹여서 지방 함량을 끌어올린다. 그래야 도축 후 2주에서 4주 정도 숙성시킬 때 풀어진 근섬유 사이로 지방이 녹아들어 맛이 올라간다고 한다. 잠깐. 숙성시킨다고? 그렇다. 브레스 지역에선 브레스 토종닭을 도축 후에 드라이 에이징한다.

보나 마을에서 차로 30분 정도 떨어진 곳엔 브레스 지역의 읍내라고 할 수 있는 부르캉브레스Bourg-en-Bresse가 있다. 이곳에 잠깐 들러서 가금류 전문 정육점을 찾았다. 장 셰프는 정육점에 가자고 하면 카메라부터 들고 나오는 정육점 마니아다. 보나 마을은 인구가 3천 명이 채 안 된다. 부르캉브레스는 그래도 인구가 4만이나 되는 꽤 큰 동네다.

정육점에서 브레스 토종닭은 세 가지로 구분되어서 팔리고 있다. 내장과 머리가 제거된 브레스 토종닭, 내장은 제거하고 머리는 붙어 있는 브레스 토종닭, 그리고 거세한 브레스 토종 암탉까지. 이 친구는 흔히 뿔라흐드Poularde라고 불린다. 가정에서 가장 많이 쓰이는 닭은 내장과 머리가 제거된 브레스 토종닭이다. 1kg에 21유로에 팔리고 있다. 머리가 붙어 있는 브레스 닭은 육수를 내서 먹겠다는 강력한 의지를 가진 소비자들이 구매하는 제품이다. 국물을 낼 때는 반드시 닭대가리가 있어야 하는 법이니까. 머리가 붙어 있는 브레스 닭은 1kg당 18유로에 판매된다. 이 중 거세된 암탉이야말로 가장 비싼 몸이라고 할 수 있겠다. 무려 1kg당 24유로나 한다.

일반 브레스 토종닭은 내장 제거 후 1.2kg 이상짜리면 판매가 가능하고, 우리가 간 매장에는 없었지만 주로 연말에 많이 먹는 브레스 토종 거세 수탉, 샤퐁Chapon은 3kg 이상이어야만 판매 가능하다. 원칙이 그렇다. 거세한 브레스 토종 암탉은 내장 제거 후 1.8kg부터 출하 가능하다고 하니, 한 마리당 가격이 최소 43.2유로다. 생닭 한 마리 가격이 6만 원에서 시작한다는 것. 아, 비싼 몸이시다. 게다가 산지에서 6만 원이니 파리 같은 도시에서 사면 훨씬 더 비싸지겠지? 우리나라에서 토종닭 생닭 한 마리가 6만 원이라면 살 사람이 몇이나 있을까?

거세한 브레스 토종 암탉을 1.8kg까지 기르려면 최소 6개월 이상의 시간이 필요하다. 그에 비해 일반 육계는 40일 정도 기른 후 빠르게 출하된다. 40일만 길러도 1.5kg 이상의 육량을 확보할 수 있기 때문이다. 50일을 기르면 1.8kg다. 그러나 무릇 토종닭이란 천천히 자라는 닭이다. 6개월 동안 열심히 길러야 1.8kg인 것이다. 그러니 비쌀 수밖에 없다. 육질과 육향이 다르거나 특별한 가치를 소비자에게 제시해야만 소비자들이 6만 원을 지불할 것이다. 그런데 프랑스 소비자들은 기꺼이 그 돈을 지불하고 있다. 놀라운 동화 같은 이야기가 여기에 실존하고 있는 것이다.

셰프 폴 보퀴즈나 조르주 블랑의 노력도 있었겠지만, 생산을 포기하지 않은 농부들의 노력이 무엇보다도 중요했다. 그래서 우리는 브레스 닭을 생산하는 도미니크 아저씨네 농장으로 향했다.

도미니크 아저씨네 농장

도미니크 아저씨는 브레스에서 브레스 토종닭을 기르는 농부이자 내 친구다. 물론 프랑스 사람이니 프랑스어를 하고 약간의 영어도 한다. 여기서 약간이라고 하면 예컨대 예스Yes 정도다. 노No라는 단어를 말하는 것조차 들은 기억이 없다. 이에 해당하는 단어인 농Non이라는 프랑스어로 이야길 했고, 추가로 내가 들은 도미니크 아저씨의 영어 단어 중 명사는 닭Chicken과 와인Wine이, 동사는 먹자Eat와 마시자Drink 이 2개였고, 실은 이것만으로도 충분했다. 뭐, 더 필요한 게 있나?

나와 장준우 셰프 그리고 신민섭 셰프(홍대 앞에서 프렌치 레스토랑을 운영하는 서울대 출신의 학구파 셰프다)는 도미니크 아저씨네 농장으로 향했다. 우리에게 그가 처음으로 내놓은 안주는 토종닭의 벼슬볶음이었다. 다시 한번 정확하게 말하지만 닭벼슬볶음이다. 닭의 머리에 달린 그거. 치킨의 나라 대한민국에서도 먹지 않는 바로 그것! 우리 셋은 서로의 떨리는 동공을 확인했다. 티를 내고 싶지는 않았지만 솔직히 티가 났을 것이다. 그에 비해 요리는 단순했다. 닭벼슬을 버터와 소금에 볶아낸 요리였다. 아마 부르고뉴 요리에 버터가 없었다면 굶어 죽는 사람이 여럿 나왔을 게 분명하다.

"도미니크 아저씨, 이거 프랑스 다른 지역에서도 자주 먹는 음식이

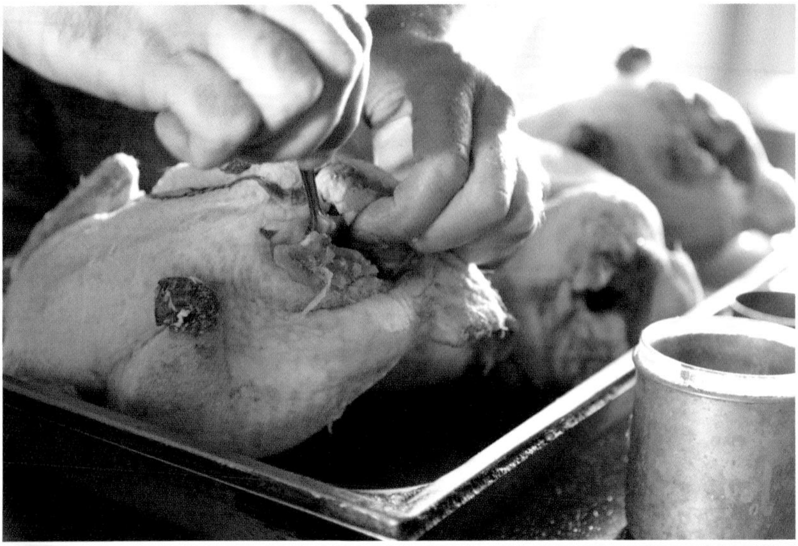
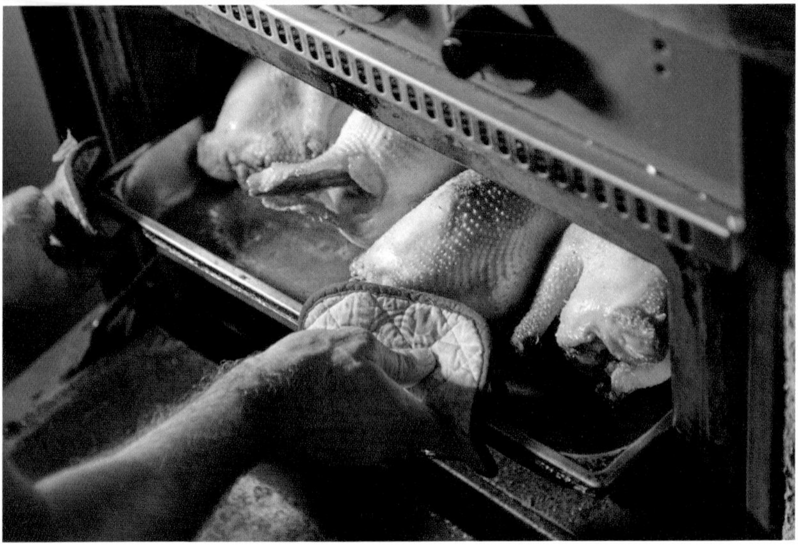

에요?"

"그건 아닐걸?"

"그럼요? 이런 건 처음 봐요."

"잊지 말라고. 우리는 닭을 기르는 사람이고, 모든 걸 아껴야 한다고 배웠어."

물론 이 대화는 우리가 직접 나눈 대화는 아니고, 통역을 도와주는 젱Jain이 통역을 해준 것이다. 이때의 시간은 대략 오전 11시, 벌써 와인 한 병이 끝나갈 때쯤이었다. 젱도 함께 와인을 들이켰다.

우리는 도미니크 아저씨네 집 뒤뜰에 앉아서 뜨거워지기 시작하는 부르고뉴의 눈부신 햇살을 정면으로 받으며 '아, 부르고뉴의 포도는 이렇게 맛있게 익어가는 거겠지?'라는 생각을 했고, 도미니크 아저씨의 친구가 담갔다는 밀주스러운 와인을 안주와 함께 들이켜고 있었다. 닭벼슬볶음은 의외로 맛있었다. 겉은 아삭하면서도 속은 촉촉한, '겉바속촉' 느낌의 술안주다. 국내에도 간편식으로 출시하자.

앞치마를 입고 있던 도미니크 아저씨가 갑자기 벌떡 일어나더니 집 안으로 들어갔다. 신 셰프와 장 셰프도 급하게 도미니크 아저씨를 따라 들어갔다. 셰프의 강박, 뭐 이런 건가? 오븐 예열이 끝났나 보다. 나는 뒤뜰에서 더 잘 익은 부르고뉴의 포도가 되고 싶었지만, 브레스 토종닭을 보러 왔으니 정말 어쩔 수 없이 젱과 함께 집 안으로 들어갔다. 눈부신 뒤뜰과는 달리 실내는 매우 어두웠고, 도미니크 아저씨는 부엌에 전등을 켜야겠다는 그 어떤 의지도 없어 보였다. 절약이 몸에 밴 사람이다. 오븐도 유물 정도 되는 것처럼 보였다. 도미니크 아저씨는 성냥으로 오븐을 켜서 사용했다. 한국으로 치자면 등유 곤로 같은 것을 떠올릴 수 있다.

도미니크 아저씨는 미리 준비한 아름다운 자태의 브레스 생닭 네 마리의 항문에 소금과 후추를 한 꼬집씩 집어넣고 허공에 대고 휙휙 휘저었다. 그리고 우리에게 미소를 날렸다. 준비 끝이라는 시그널. 네 마리의 닭을 트레이에 담은 다음 분명히 2차 대전 때나 썼을 게 분명한 오븐에 쓱 집어넣었다. 그리고 와인잔을 들어 보이며 이야기했다.

"이제 닭 보러 가야지?"

도미니크 아저씨네 농장의 뒤뜰은 사람이 노는 곳, 앞뜰은 닭들이 노는 곳이다. 앞뜰은 걸어서 1분 거리지만 그 넓이는 어마어마하다. 해가 중천에 떠 있으니 닭들도 더운지 전부 나무 그늘 아래에 들어가 쉬고 있었다. 그런데 한국에서 온 인간은 땡볕에 서 있고. 하얀 털에 빨간 벼슬(방금 우리가 볶아 먹었던), 파란 다리를 가진 예쁜 토종닭은 그늘에서 여유를 즐기고 있었다. 넓은 브레스의 풀밭과 습지에서 풀을 쪼면서.

도미니크 아저씨가 우리에게 물었다.

"너네는 주로 어느 정도 크기의 닭을 먹니?"

"음. 우리는 뭐 다양한 크기를 먹는데, 보통 도체 중량 700g에서 1.1kg 정도를 먹어요."

"뭐? 700g이라고 했어?"

"네. 한국에선 닭이 갈수록 작아지는 추세예요."

"너네 나라에선 닭을 안 먹고 코클렛Coquelet을 먹는구나. 우린 그걸 코클렛이라고 불러."

BON VIN FAIT LIESSE

통역을 담당하는 젱에게 물었다.

"코클렛이 뭐예요?"

"아, 프랑스에서 그 사이즈는 닭이라고 안 불러요. 프랑스어에는 닭을 지칭하는 단어가 여러 가지가 있거든요. 코클렛은 식용 병아리를 의미하는 거예요."

제길. 우린 닭을 안 먹고 병아리를 먹는다고 무시당했다. 자기는 도대체 얼마나 크게 길러봤다고. 그래서 이번엔 내가 물어봤다.

"도미니크 아저씨, 아저씨는 브레스 닭을 제일 크게 길러본 게 몇 킬로그램이에요?"

"나? 나 5.3kg. 10개월 걸렸어."

도미니크 아저씨가 어깨를 으스대며 지나갔다. 뭐? 5.3kg 짜리 닭이라고? 그게 닭이야? 불법 아니야? 웬만한 소형견도 5.3kg 넘기는 힘들겠다. 천천히 오래 기른 게 자랑이다.

원래 프랑스에서는 연말에 샤퐁Chapon이라 불리는 거세한 수탉을 오븐 요리하여 가족들이 둘러앉아 먹는 것이 전통이다. 브레스 지역에서 샤퐁은 8개월 정도로 길러 4~4.5kg으로 출하한다고 하는데, 보통 이 동네에서 마리당 14~15만 원에 팔린단다. 와, 도미니크 아저씨 부잔데?

그늘에서 쉬고 있던 브레스 닭을 보다가 솔직히 너무 더웠기에 이제 그만 들어가자고 했다. 도미니크 아저씨는 계속 손목시계를 쳐다봤다. 조리시간을 체크하는 듯했다. 천천히 집으로 돌아왔다. 집은 여전히 어덥고 더웠지만 전등은 켜지 않았고, 에어컨은커녕 선풍기도 보이지 않았다. 여기는 시골이고 도미니크 아저씨는 검소하니까.

도미니크 아저씨는 오븐을 열어 반쯤 익은 닭 네 마리를 꺼냈다. 반쯤 익어 노랗게 된 브레스 토종닭의 껍질은 뭐랄까. 금방이라도 터질 듯 육즙이 가득 찬 풍선 같다. 마치 꿈과 희망으로 가득한 미래 같달까? 그런데 갑자기 도미니크 아저씨가 추악하게 생긴 도끼칼로 닭 네 마리를 난도질하며 작살내기 시작했다. '아니, 닭을 저렇게 뽀개 놓아도 돼?', '육즙이 다 흘러버리는 거 아니야?', '닭은 무릇 잡고 뜯어야 제맛 아냐?' 별의별 생각이 다 들었다. 아름다운 자태의 브레스 닭 네 마리의 다리가 잘려 나가며 파괴되는 모습을 보니 마음이 아파오기 시작했고, 뭔가 잘못되어 가는 것 같았다. 아니나 다를까, 내 옆에서 그 광경을 지켜보는 신 셰프의 모습은 마치 파괴되는 로마를 바라보는 네로 황제의 모습 같고, 좀 우는 것 같기도 하고. 그런데도 장 셰프는 이 참혹한 현장을 카메라에 담느라 여념이 없었다.

추악한 칼을 옆으로 던진 도미니크 아저씨는 빠른 손놀림으로 가슴살만 골라냈다. 그리곤 다리와 허벅지 부위만 다시 오븐에 넣어 익혔다. 어쩐지 기시감이 든다고? 맞다. 조르주 블랑에서 봤던 것과 같은 원리다. 이렇게 해야 열전도율이 낮은 다리도 맛있고, 가슴살도 뻑뻑하지 않아진다. 조리가 거의 끝날 때쯤엔 빼놓았던 닭가슴살을 오븐에 넣고 살짝 열을 가해주면 된다. 완성. 오븐에서 꺼낸 브레스 토종닭을 다시 한번 먹기 좋은 사이즈로 자른다. 그럼 진짜 완성.

도미니크 아저씨는 큰 트레이에 닭 네 마리 조각을 툭 털어놓고 뒤뜰로 갖고 왔다.

"본 아페티(맛있게 드세요)!"

'요 녀석들, 진정한 닭 맛 좀 봐라'하는 표정이었다. 불과 몇 분 지나지 않아, 눈물을 흘리고 있는 신 셰프를 발견했다. (진심을 담아 이야기하는데, 여기엔 단 한 마디의 과장도 없다) 신 셰프는 브레스 닭이 품고 있다가 이제 더는 품지 못하겠다며 놓아버린 육즙에 빵을 찍어 먹고 있었다. 순식간에 신 셰프 혼자 큰 빵을 한 덩어리나 먹고 있었다. 솔직히 조금 당황스럽기도 했다. 닭기름에 빵을 찍어 먹는다는 것이 그리 매력적으로 들리진 않지 않나?

"교수님, 재료로 그냥 끝이네요. 흑."

이게 신 셰프가 한 말의 전부다. 나도 신 셰프를 따라 닭기름에 빵을 찍어 먹었고, 먹고 또 먹었다. 장 셰프도 별반 다르지 않았다. 세상에, 한국인 세 명이 닭 요리를 먹는데 닭다리도 가슴살도 아닌, 닭기름이 제일 먼저 사라지는 기이한 일이 생겼다. 두터운 브레스 토종닭의 껍질은 또 어찌나 매력적인지! 정말 단순한 레시피였지만 아주 맛있는 닭 요리였다. 조르주 블랑과 도니미크 아저씨네 농장에서 영감을 받아서 신 셰프도 자기네 업장에서 토종닭 요리를 팔고 있으니 궁금하신 분은 신 셰프네 레스토랑으로 가보시길!

아마 이때 우리가 비웠던 와인은 다섯 병쯤. 도미니크 아저씨도 취기가 꽤 많이 올랐는지, 나에게 자신의 지하 와인 저장고를 가리키며 들어가서 마시고 싶은 와인을 가지고 오라고 했다. 시계를 보니 어느덧 오후 2시를 넘어가고 있었다. 일어서니 눈앞이 핑 돌았다. 뜨거운 부르고뉴의 햇볕 때문인지, 브레스 닭기름 때문인지는 잘 모르겠지만. 약간의 취기가 올라왔을지도. 어쨌든 지하 와인 저장고로 가기 위해 계단을 내려갔다. 세상에, 검소함이 몸에 밴 우리 도미니크 아저씨네 와인 저장고는 에어컨이 빵빵하고 습기를 제거하기 위해 큰 선풍기까지 틀어놓았다. 하여튼 부르고뉴 사람들이란!

3시가 넘었다. 이제 그만 가보겠다고 했더니, 디저트를 먹지 않으면 식사가 끝난 게 아니라는 말이 돌아왔다. 식사가 끝나지 않았는데 자리를 뜨는 것은 집주인에게 큰 실례라고 했다. 그런 실례를 범해선 안 되지. 그래서 와인 한 병 더. 이어 디저트가 나왔다. 부르고뉴 지역의 크리미하고 새콤한 치즈에 역시 이 지역의 유제품으로 만든 크림을 올린 'Faisselle Bressane et sa crème épaisse'라는 디저트다. 달지 않고 새콤하며 고소한 디저트다. 지역의 식문화에 대해서 이야기를 덧붙이자

면 리옹 지역 사람들은 이 디저트에 민트나 허브를 올리고, 브레스 지역 사람들은 꿀을 올려 먹는다고 한다. 술 취한 도미니크 아저씨가 꿀을 듬뿍 뿌리니, 사모님은 꿀이 너무 많다며 살찐다고 소리 지르고, 함께 웃고 즐기고. 한국이나 프랑스나 좋은 식사 자리는 모두에게 즐거움을 준다. 이제 정말 가겠다고 하니 그냥 와인 더 마시고 저녁도 먹고 자고 가란다. 시골 인심이란! 도미니크 아저씨, 다음에 뵐 때까지 건강하시길.

페루즈 마을

강한 햇볕이 내리쬐는 7월의 오후, 가만히 있어도 땀이 줄줄 흘렀다. 우리는 걷고 싶었다. 그래서 부르고뉴에 위치한 작은 중세시대 마을 페루즈Pérouges로 갔다. 숙소인 보나에서 차로 40분 정도 떨어진 곳이다. 한때 1,500명까지 살았던 이 마을은 이제 500명 남짓의 주민이 살고 있다고 한다. 중세시대엔 마녀재판으로 악명이 높았던 곳이기도 하다. 이 마을에는 중세시대 석조 건물을 구경하려는 관광객들이 온다. 그렇다고 해서 '우와~' 하면서 몰리는 것이 아니라 간간이 오는 정도다.

이 아름다운 석조 마을을 걷다 보면, 바닥에 박혀 있는 돌들에 자연스럽게 시선이 간다. 이유는? 일단 너무 울퉁불퉁해서 걷기가 불편하다. 힐을 신은 사람은 넘어지거나 힐이 부러지기에 딱 좋은 수준이다. 유럽의 오래된 도시의 길바닥엔 매끄럽지 않은 돌길이 많은데, 프랑스의 이런 울퉁불퉁하고 삐쭉빼쭉한 '돌 박음'은 독일의 관점(완벽하게 평평하고, 단 1mm의 오차도 없이 돌을 일렬로 줄 세우는)에서는 도저히 용납할 수 없는 수준이다.

그런데 이 프랑스의 어리바리한 돌 박음은 다른 각도에서 보면 또 정확히 설명하기 어려운 매력이 보인다. 많은 이들에게 프랑스는 화려하다는 인식이 강하지만 내 머릿속의 프랑스 감성이란, 과한 듯 과하지

않고 어색한 듯 세련된, 그러니까 알고 보면 겸손한 그것이다. 이게 내 마음속 '프랑스다운' 느낌이다.

이 작은 마을에는 소박하지만 매력적인 먹거리가 있다. 'La galette de Pérouges'라는 디저트로 '페루즈식 갈레트'라고 번역하면 될 것 같다. 19세기에 한 호텔 주방에서 개발한 레시피로 그의 자손들이 그 호텔을 꾸준히 유지해오며 레시피를 계승하고 있다. 갈레트는 동그란 모양의 파이나 과자 등을 의미한다. 페루즈식 갈레트는 밀가루 반죽, 다량의 버터 그리고 설탕을 쓰는 단순한 디저트다. 빵 위에 살짝 캐러멜라이즈드 된 설탕이 올라 아삭아삭 씹히는 맛이 있다. 지금의 관점에서는 다소 심플한 맛이라고 생각할 수도 있지만, 19세기에는 아마 이 지역 최고의 맛으로 느껴졌으리라!

페루즈 마을을 걷는 동안 돌길과 돌벽을 보며 역시 프랑스의 멋은 시골에 있다는 것을 다시 확신할 수 있었다. 음식은 역시 시골 음식이다.

AU BEL
OISEAU

◊ 3 ◊

코트 도르

Côte-d'Or

Netherlands
Belgium
Luxembourg
Germany
NORD-PAS-DE-CALAIS
PICARDE
HAUTE-
NORMANDIE
BASSE-
NORMANDIE
LE-DE-FRANCE
CHAMPAGNE-
ARDENNE
LORRAINE
ALSACE
BRETAGNE
PAYS DE LA LOIRE
CENTRE
Côte-d'Or
BOURGOGNE
FRANCHE-
COMTE
Switzerland
POITOU-
CHARENTES
LIMOUSIN
AUVERGNE
RHONE-
ALPES
Italy
AQUITAINE
MIDI-PYRENEES
LANGUEDOC-
ROUSSILLION
PROVENCE-ALPES-
COTE D'AZUR
Spain

◇ France Map ◇

보르도 vs 부르고뉴

술은 본디 농산물이다. 와인이 별건가? 포도 농사지어 발효시키면 그게 와인이다. 쌀이 많이 나는 한국과 일본에선 쌀을 활용한 술이 발달했고, 포도 농사가 잘되는 지중해 연안에선 포도를 활용한 술이 발달했다. 프랑스의 술 문화를 보면 포도 농사가 잘되는 중부와 남부는 와인을, 사과 농사가 잘되는 서북쪽 브레타뉴, 노르망디에서는 사과를 활용한 시드르Cidre를 주로 생산하고 마신다. 즉, 농사는 기후의 영향을 받고 술 문화는 농사가 결정한다.

프랑스의 포도 산업과 이를 활용한 와인 산업은 그 어떤 나라보다 규모가 크고 경쟁력 있다. 프랑스에서 생산하는 모든 와인이 경쟁력 있는 것은 아니지만, 프랑스의 와인이 세계에서 가장 경쟁력이 있는 이유는 지역별 특성이 매우 다르게 나타난다는 점 때문이다. 각 지역별 떼루아에 따른 품질의 차별화, 자본의 투입과 이에 따른 양조 기술의 발전이 바탕에 깔려 있다. 또 프랑스 소비자들의 와인에 대한 높은 관여도가 다양한 와인을 계속 생산하도록 하는 원동력이 되고 있다. 소비자마다 와인에 대한 취향이 있고, 자신의 취향을 잘 알고 있으며, 그 취향에 따른 구매를 한다. 다양한 와인이 존재할 수밖에 없다. 프랑스의 포도 농업과 와인 제조의 역사를 보면 자본과 농업이 어떻게 결합이 되

고, 이에 따라 어떤 식으로 산업이 발전하는지 알 수 있다.

프랑스 와인의 양대 산맥을 꼽자면 보르도와 부르고뉴라고 말할 수 있다. 같은 프랑스라도 이 두 지방은 참으로 다르다. 오랜 기간 와인의 수요가 가장 높았던 영국과 인접하고 물류에 유리한 항만을 가지고 있었던 보르도는 샤토Château라고 불리는 와이너리를 중심으로 상업적으로 발전해왔다. 보르도는 오래전부터 영국에 와인을 수출했으며(한때 보르도는 영국령이기도 했다), 그때부터 이미 영국과 프랑스의 거대 자본이 투입되어 있었다.

반면에 내륙에 위치하고 있는 부르고뉴의 포도밭은 농민과 수도원의 소유였다. 그들이 농사를 짓고 그들의 집과 수도원에서 양조를 했다. 항구가 없는 부르고뉴의 와인이 마차를 타고 당시 최대 수입국이었던 영국까지 가는 것은 쉬운 일이 아니었다. 그래서 부르고뉴에서 생산한 와인은 부르고뉴와 인근 지방에서만 주로 소비하는 소비 구조를 가지게 된 것이다. 그러다가 1789년 프랑스에서 혁명이 일어나고 혁명 정부가 들어서면서 사건이 발생한다. 구습을 혁파해야겠다는 의지를 가진 프랑스 혁명 정부가 상당한 부르고뉴의 포도밭을 차지하고 있던 수도원의 재산을 몰수했다. 몰수한 포도밭을 여러 개로 쪼개어 지역의 농부들에게 경매로 팔았다. 그렇게 포도밭을 확보하게 된 부르고뉴의 농부들은 대대로 포도 농사를 지으며 이 포도밭을 자손들에게 물려주었고, 지금도 그렇게 이어지고 있다.

그런데 포도밭을 자식들에게 물려줄 때 밭을 잘게 쪼개어서 상속하게 되니, 하나의 포도밭이 다수의 소유주를 가지는 형태를 띄게 되었다. 몇 고랑은 큰 아들, 그 옆 몇 고랑은 둘째 딸, 이런 식이다. 부르고뉴의 포도밭은 여러 소유주가 나눠서 경작하는 것으로 유명하다. 뒤에 잠깐 나오는 부르고뉴의 '클로 드 부조'라고 하는 아주 오래된 수도원 소유의 포도밭은, 무려 85명이나 되는 소유주들이 농사를 짓고 있다고 한다. 보르도 지방의 규모 있는 와이너리인 샤토와는 확실히 차이가 있다. 샤토가 경작하고 있는 포도밭의 크기는 80ha가량이다. 80ha의 넓이라면 대략 두 변이 각 900m인 정사각형이라고 생각하면 된다. 축구장 125개인 셈이다. 부르고뉴에서 농사를 직접 지으면서 양조까지 하는 양조장을 도멘Domaine이라 부르는데, 보통 한 도멘은 몇 개에서 몇십 개의 고랑으로 포도밭을 농사짓는 경우가 대부분이다.

부르고뉴의 밭이 특히 잘게 쪼개져 있는 이유는 소위 말하는 '나폴레옹 상속법' 때문이다. 프랑스는 혁명 이후에도 법을 통일하지 못했고, 체계적인 법전을 소유하지 못했다. 이를 지켜보던 나폴레옹이 1804년, 《프랑스인의 민법전 Code civil des Français》을 공포했다. 그 안엔 만민이 법 앞에 평등해야 하고, 이전의 악습을 타파해야 한다는 내용이 담겨 있다. 그래서 '장자 상속'을 강력히 금한다. 모든 자녀에게 남녀 차별 없이 상속해야 한다는 것이다. 고립된 지역의 부르고뉴의 평범한 농부가 가진 것이라고는 밭밖에 없었으므로 밭은 고랑 단위로 쪼개져 자녀들에게 상속된다. 수출을 주로 하며, 영국을 비롯한 글로벌 자본 투입의 역사가 깊었던 보르도 지역의 와이너리와는 사뭇 다른 역사와 구조를 갖게 된 것이다.

이 두 지방을 이야기할 때 와인의 등급제에 관한 것을 빼놓을 수 없다. 와인 등급제는 프랑스의 와인 문화와 가격 책정의 준거로 작동하고 있다. 그런데 보르도와 부르고뉴 이 두 지역은 등급제조차 매우 상이하다. 샤토의 힘이 강했던 보르도에서는 샤토에 등급을 부여했다. 엄밀히는 샤토가 생산하는 와인에 등급이 부여된 것이다. 보르도 지역의 '와인 5등급'은 1855년에 처음으로 정해졌다. 1855년은 파리 만국 박람회가 처음 열리는 해였다. 이 박람회에 출품할 프랑스 대표 와인을 선정하는 과정에서 등급이 등장했다. 항만이 있던 보르도 지방의 와인은 이미 글로벌한 명성을 가지고 있었다. 보르도 내에서도 메독Médoc 지역의 와인이 프랑스를 대표하는 와인으로서 제1회 파리 만국 박람회에 출품되었고 그때 처음으로 등급이 정해지게 된다.

사실 1855년 당시 이 등급은 정부가 제대로 품질을 평가하여 부여한 것이 아니었다. 네고시앙Négociant으로 불리는 와인 유통업자들이 매입하는 보르도 지방의 각 와이너리의 와인 가격을 기준으로 선정한 방식의 등급이었다. 그 가격 기준을 프랑스 정부도 거의 그대로 공인하게 되었는데, 1등급 5개, 2등급 14개 등의 방식으로 보르도 와이너리를 등급 분류하였다. 1등급 와이너리가 생산한 와인은 1등급이고, 2등급 와이너리가 생산한 와인은 2등급이 되는 셈이다. 그런 방식으로 총 61개의 와이너리가 다섯 개의 등급으로 분류되었다. 정확히는 61개의 보르도 와인을 분류, 선정하였다. 이를 흔히 '1855 그랑 크뤼 클라세1855 Grand cru classe' 라고 부른다. 이후 1930년대에 정부 공인 등급인 보르도 AOC 등급기준이 다시 마련되었지만, '보르도 1855 그랑 크뤼 클라세 리스트'는 아직도 거의 그대로 통용되고 있다.

반면 부르고뉴는 보르도 지방보다 늦게 등급제를 시작했다. 1861년 부르고뉴 자체 등급 기준이 완성되었고, 국가 공인 등급이랄 수 있는 부르고뉴 AOC 규정은 1936년에 확정된다. 흥미로운 것은 부르고뉴의 와인 등급은 보르도처럼 와이너리에 부여하는 것이 아니라 포도밭에 부여하고 있다는 점이다. 즉, 1등급 포도밭에서 나온 포도로 양조한 와인은 1등급 와인이 되고, 2등급 포도밭에서 나온 포도로 양조하면 2등급 와인이 되는 식이다.

부르고뉴의 등급체계에 따르면, 부르고뉴의 모든 포도밭은 4개의 등급으로 나뉜다. 1등급인 그랑 크뤼Grand cru는 부르고뉴 전체 생산 와인의 최상위 1.4%이고, 2등급인 프르미에 크뤼Premier cru는 차상위 10% 정도의 양이다. 3등급인 빌라주Villages 등급은 대략 40% 정도이고, 나머지 절반 정도는 4등급인 레지오날Regionales 등급이다. 이렇게 밭에 등급을 붙인 것은 중세 부르고뉴 지방의 수도사들이 좋은 와인을 양조하기 위해 포도밭의 토질, 배수, 일조량 등을 오랜 기간 면밀히 조사하여 밭을 세세하게 구분해 경작하고, 이 구분에 따라 와인을 양조하던 전통이 그대로 전해져 내려온 영향이다.

그런데 두 지방의 등급제 차이에 대하여 '아, 그냥 보르도에는 와이너리에 등급이 붙었고, 부르고뉴에는 땅에 등급을 붙인 거로구나'라고 말하고 끝내기에는 이 등급제가 두 지방의 와인 산업에 미친 영향이 매우 크다. 가장 먼저 등급제의 의미를 살펴보면 보르도는 와인 제조 기술에 더 큰 의미를 부여하고 있고, 부르고뉴는 땅의 특성 즉, 떼루아에 더 큰 의미를 부여하고 있음을 알 수 있다. 단순하게 말하자면 보르도에선 1등급 와이너리가 수익을 더 내고 싶으면 동네의 다른 밭에서 더 많은 포도를 수매해오거나, 아니면 다른 밭을 추가 구매하면 된다. 1등급 와이너리가 포도 농사를 더 많이 지으면 1등급 와인이 더 많이 나오게 되므로, 그만큼의 수익을 창출할 수 있다. 자본을 투입하면 이에 따른 수익의 증가가 비교적 확연히 보장된다는 뜻이다.

예컨대 보르도 지방의 포므롤Pomerol 마을의 유명한 와이너리인 샤토 페트뤼스Château Petrus는 7ha의 작은 포도밭을 경작하여 재배한 포도로 와인을 양조했었는데, 1965년 인근 샤토에서 포도밭을 추가로 구매해서 도합 11.4ha의 밭으로 포도를 생산하여 함께 섞어서 양조하고 있다. 물론 생산량은 크게 늘었고, 가격은 여전히 비싸다. 페트뤼스의 와인은 프랑스에서 가장 비싼 와인 Top 10에 들어 있을 정도다. 자본을 투입한 만큼 수익을 낼 수 있는 곳이 바로 보르도다.

그래서 보르도에는 큰 와이너리가 등장하며 성장하는 사례들이 꽤 많다. 와이너리가 훌륭한 양조 기술로 좋은 와인들을 만들어내고 전통을 유지하면서도 혁신적인 와인들을 만들어낸다. 보르도의 큰 와이너리들은 양조 기술이 좋기 때문에 주변의 포도를 사들여서 양조하면서도 품질을 잘 유지한다. 그러한 자본력이 바탕이 되어 보르도 지방의 와인은 마케팅에도 강할 수밖에 없다. 구조의 영향 탓인지 1855년 선정된 보르도 그랑 크뤼 클라세 리스트에 올라가 있는 61개 와이너리 중에서 지금까지 오너가 바뀌지 않은 곳은 단 세 곳밖에 없다. 나머지는 계

속 오너가 바뀌거나 인수합병이 이루어질 정도로 역동적이다. 대대로 땅을 물려받아 포도 농사를 짓고 양조를 하는 부르고뉴와는 그 역사가 다르다.

부르고뉴에선 땅이 중요하다. 포도를 생산하는 땅에 이미 등급이 부여되어 있으므로 누가 양조를 하는지는 등급에 영향을 미치지 않는다. 1등급 포도밭에서 생산한 포도가 아니면 결코 1등급 와인을 만들어낼 수 없다. 1등급 와인의 포도밭은 이미 정해져 있으니 생산할 수 있는 포도의 양도 한정적이고, 이에 따른 와인의 생산량도 정해져 있는 셈이다. 내가 그 포도밭을 소유하고 있다고 해도 이미 충분히 촘촘하게 심어져 있는 포도나무를 더 촘촘히 심을 순 없다. 게다가 부르고뉴의 등급제 원칙상, 등급이 다른 밭의 포도를 섞는 것은 매우 '창피한' 일이다. 떼루아의 특성을 버리는 것은 와인의 등급을 떨어뜨리는 일이 된다. 양을 늘리기 위해서 그런 일을 하지 않는 것이 원칙이며 불문율이다. 따라서 자본을 투입한들 투자에 따른 수익의 증가를 기대하기 어려운 곳이 부르고뉴다. 좀 더 나은 양조 장비 정도에 투자하고, 훌륭한 양조 기술자를 고용하는 것 말고는 돈을 쓸 곳이 없다.

이런 특징 때문에 부르고뉴에는 거대 와이너리, 큰 도멘이 별로 없다. 내가 물려받은 땅에서 내가 농사지은 만큼 와인을 만드는 것이 할 수 있는 최선이다. 돈이 더 있다고 되는 일이 아니라는 이야기다. 각자의 농부가 각자의 농사를 짓고 각자 양조한다. 한 밭에서 나오는 와인의 수는 농사짓는 농부의 수만큼 존재하는 셈이다. 양조 방법과 기술이 도멘마다 서로 다르기 때문에 같은 밭에서 생산한 포도로 만든 와인이더라도 종류가 다양하고 맛과 품질이 천차만별이다. 이것이 부르고뉴 농업의 특징이자 부르고뉴 와인의 특성이다.

물론 부르고뉴에서도 농지가 매물로 나올 때가 있어서 일반 민간 거래도 일어나고, 정부가 소유권을 가지게 된 포도밭을 저렴하게 공급하는 경우도 꽤 자주 있다. 이런 경우 여러 사람이 밭을 사겠다고 줄을 선다. 이때 부르고뉴 밭의 소유권 민간 이전에도 우선권이 존재한다.

1) 해당 밭과 가까이 사는 사람일수록 순위가 높다.

2) 농부가 젊을수록 순위가 높다.

3) 그 농부가 소유한 밭의 크기가 작을수록 순위가 올라간다.

역시 돈이 있다고 다 되는 것은 아닌가 보다.

프랑스 내에서도 서로 다른 등급제를 가진 보르도와 부르고뉴. 등급제가 다르니 발전의 방향도 다르다. 우리나라의 농업은 대대손손 땅을 물려주는 성향이 강하고 면적이 넓지 않다는 측면에서 보르도보다는 부르고뉴와 닮아 있는 듯하다. 그러나 정책이나 국가의 등급 관리는 크게 차이가 난다. 쌀을 예로 들어보면 대부분의 경우 누가 더 농사를 잘 지었는지, 어떤 밭에서 어떤 품종으로 어떻게 농사를 지었는지 신경 쓰지 않는다. 쌀을 모아서 도정하는 미곡처리센터에서는 지역의 여러 농부들이 생산한 쌀을 한곳에 다 모아 섞어버리고, 정산은 무게로 해버린다. 이런 제도가 유지되면 농부들은 더 좋은 쌀을 생산하거나 다양한 쌀을 생산하지 않고, 단지 많은 양의 쌀을 생산하는 것에만 초점을 맞추게 된다. 이는 비단 쌀만의 문제도 아니다. 대부분의 농산물과 식품이 그러하다. 우리도 뭔가 바뀌어야 하지 않을까? 물론 조금씩 바뀌고는 있지만.

샤토 드 뫼르소

샤토Château라는 단어는 본디 성城을 의미하지만, 보르도 지역에서는 성과 전혀 관련 없는 포도원을 의미하기도 한다. 물론 샤토에서 재배하는 포도는 전부 와인을 담그는 용도일 뿐, 포도를 봉지에 담아 마트에 납품하진 않는다. 샤토를 부르는 보르도의 관습이 프랑스 전역으로 퍼져서 이제 꽤 많은 지역에서 샤토를 와인을 담그는 포도원이라는 의미로 사용하고 있다. 샤토라는 이름을 달고 있어도 전혀 성처럼 생기지 않은, 성과는 무관한 곳들이 많다.

부르고뉴 지방에서는 와인을 양조하는 포도원을 도멘Domaine이라고 부른다. 포도 재배와 양조를 직접 하는 곳을 의미한다. 부르고뉴에서 와인 양조장 중 메종Maison이라고 부르는 곳들은 포도를 직접 재배하지는 않고, 인근에서 포도를 구매하여 양조만 하는 곳이다. 어찌 됐든 부르고뉴와 보르도 지방에서 재배하는 포도는 오롯이 와인을 만들기 위한 용도라고 봐야 한다.

부르고뉴 지방에서 '샤토'라는 이름을 달고 있고, 또 양조 시설과 와인 저장고를 외부인이 투어처럼 구경까지 할 수 있는 곳은 아주 드물다. 샤토의 오너와 친구라면 또 모를까. 아무튼 부르고뉴에서 외부인이 방문할 수 있는 샤토 중 한 곳이 '샤토 드 뫼르소Château de Meursault'다. 그곳이 우리의 또 다른 목적지다. 우리가 묵고 있는 보나에서 1시간 정도 떨어진 곳에 있었다. 이 샤토 드 뫼르소가 있는 뫼르소Meursault 마을은 특별한 화이트 와인을 생산하는 곳이다. 화이트 와인을 사랑하는 사람이라면 누구나 한 번쯤 들어 봤고, 가보고 싶은 마을 뫼르소 마을에 갈 생각에 아침부터 마음이 들떴다. 샤토 드 뫼르소의 방문 프로그램에는 시음도 포함되어 있었다. 오전에 방문하는 와이너리라니! 오전부터 와인을 마실 생각에 속을 든든히 채워야겠다는 생각을 했다.

조르주 블랑 호텔의 조식 뷔페는 식당의 규모에 비해 매우 훌륭했다. 제빵의 나라 프랑스답게 산처럼 쌓아 올려진 빵과 페이스트리가 식당의 중앙에 위치했고 벽쪽 음식대 위에는 차갑고 다양한 음식이 올라 있다. 와중에 한쪽 구석에선 뜨거운 요리가 조리되고 있었다. 깨끗한 하얀색의 모자를 쓴 젊은 요리사가 손님들의 요청에 따라 끊임없이 달걀 요리를 하고, 크레페를 구웠다. 독특한 가열판에서 시종일관 열기가 후끈후끈 올라오고 있었다.

나는 차가운 음식을 올려놓은 음식대로 가서 이것저것 집어 먹었는데, 아! 훈제연어가 너무 맛있는 것이다.

"훈제연어가 진짜 맛있는데요?"라고 장준우 셰프에게 이야기했더니, "그건 그라브락스Gravlax예요, 교수님"이라고 정겹게 화답해왔다.

그래. 이런 거 배우려고 장 셰프와 함께 온 것이다. 빠르게 스마트폰으로 그라브락스를 검색했더니 훈제연어와는 완전히 다른 것이 나왔다. 신선한 연어에 후추, 소금, 설탕, 허브 등으로 간을 하여 절인 다음 연어 위에 무거운 돌을 올려둔 채로 반나절 정도 육즙(?)을 짜낸다. 그런데 이 육즙을 먹는 것이 아니라 육즙은 버리고 수분이 빠지면서 간이

밴 연어를 먹는 것이 그라브락스로, 북유럽 방식의 음식이라고 한다. 저 육즙도 요리의 재료로 쓰면 맛있을 것 같은데, 장 셰프에게 또 물어보긴 좀 그렇고.

호텔의 조식당 바깥에는 야외 수영장이 있었고, 다들 야외 수영장 근처의 테이블에서 둘 셋씩 모여 앉아 식사를 했다. 따뜻한 햇살, 시원한 바람 그리고 평화로운 아침. 가족들과 꼭 다시 이곳으로 와야겠다는 생각을 하며 그라브락스 세 접시를 비운 후 자리에서 일어섰다. 조식당을 나가면서 마주친 조르주 블랑 마을의 홍보 직원에게 인사를 하며 물었다.

"봉주르! 이 시즌의 부르고뉴는 정말 날씨가 좋은 것 같아요. 지금 한국은 우기라서 덥고 습하거든요. 가족들이랑 10월 중순에 여기에 다시 올까 고민 중인데 날씨가 어떨까요?"

직원은 인상을 찌푸리며 답했다.

"10월 중순을 넘기면 좋지 않아요. 10월 중순부턴 비가 오기 시작하거든요. 우기의 시작이죠. 계속 흐려요. 포도도 수확이 다 끝난 후고. 우기가 시작되기 전에 수확을 끝내야 하거든요."

"오! 그럼 시기를 잘 맞춰 오면 포도 수확하는 걸 볼 수 있겠네요?"

"네. 포도 수확하는 거 구경하는 것도 재밌죠. 포도 수확은 우기보다 훨씬 전에 시작해요. 보통 9월이 끝나기 전에 다 마쳐요. 그런데 우기 직전에만 오면 괜찮아요. 포도 잎이 황금색으로 물들거든요. 온통 황금이에요. 태양의 차도를 타고 북쪽으로 올라가면 양쪽이 황금으로 가득 차 있어요!"

'황금'을 이야기할 때 직원의 얼굴에는 화사한 미소가 가득했다.

코트 도르Côte-d'or, 황금의 언덕. 시골 부르고뉴에 커다란 부를 안겨주는 언덕이다. 전 세계에서 가장 비싼 와인이 만들어지는 포도밭이 이 코트 도르에 다 모여 있다. 코트 도르는 태양의 차도와 나란히 남북으로 50km 정도 길게 뻗어 있는 언덕이다. 태양의 차도를 타고 남에서 북으로 간다고 했을 때 좌측에 보이는 언덕이 코트 도르다. 코트 도르는 실은 남북으로 이어진 2개의 언덕, 남쪽의 '코트 드 본Côte de Beaune'과 북쪽의 '코트 드 뉘Côte de Nuit'를 합쳐서 부르는 명칭이다. 코트 도르라는 이름은 가을이 되면 코트 도르를 가득 채우고 있는 포도나무의 낙엽이 황금빛으로 빛나기 때문에 생긴 별명이다. 뭐, 황금만큼, 아니 황금보다 더 비싼 와인들이 생산되는 언덕이라 이렇게 불린다는 소문도 있다.

오늘 오전의 목적지 샤토 드 뫼르소는 남쪽 언덕인 코트 드 본에 위치한 포도원이다. 보나에서 차를 몰고 태양의 차도의 북쪽 방향으로 진입했다. 50분쯤 북으로 올라갔을까. '샤니Chagny'라는 마을의 표지판이 보였다. 거기서부터가 코트 드 본의 시작이다. 고개를 돌려 저 멀리 코트 드 본을 바라보니, 7월 초의 그곳은 '황금의 언덕'이라기보다는 '초록의 언덕'이었다. 곧 태양의 차도를 빠져나간 차는 그 초록의 언덕을 향해 달리기 시작했고, 우리의 첫 목적지인 샤토 드 뫼르소까지 가는 데 오래 걸리지 않았다.

뫼르소 마을로 가는 길은 포도밭의 연속이었다. 온통 포도밭이다. 뫼르소 마을의 포도밭은 퓔리니 몽라셰Puligny-Montrachet, 샤샤뉴 몽라셰Chassagne-Montrachet 마을의 포도밭과 함께 세계에서 가장 훌륭하고 비싼 화이트 와인의 원료가 되는 샤르도네Chardonnay 품종의 청포도를 생산하는 곳이다. 물론 샤르도네로 양조한 와인이라고 전부 비싼 것은 아니다.

이곳의 땅에서 뿌리내리고, 이곳의 태양과 바람을 머금어야 최고의 와인으로 태어날 수 있다. 뫼르소 마을의 골목을 지나 샤토 드 뫼르소에 도착했다. 샤토 드 뫼르소는 멋들어진 대저택의 모습을 하고 있었다. 이곳은 예전에 이 지역을 지배하던 귀족들이 실제 머물던 유서 깊은 성이기도 했다. 우리는 대저택의 정원에 차를 세우고 내렸다. 장 셰프는 여러 촬영 장비로 무장했고, 낮술에 약한 나는 그라브락스로 위장을 단단히 무장한 채 샤토 드 뫼르소 메인 건물 안으로 들어섰다.

조명이 없는 대저택의 홀이었지만 채광이 매우 좋았다. 잠시 기다렸더니 가이드가 왔고 함께 샤토 드 뫼르소의 지하로 내려갔다. 그 속에는 샤토 드 뫼르소의 역사와 부르고뉴를 대표하는 와인 생산지 코트 도르의 역사가 잘 보관되어 있었다.

"샤토 드 뫼르소는 도멘인가요?" 나의 질문에 프랑스 억양의 영어를 구사하는 청년 직원이 답을 해주었다.

"네. 여긴 도멘이에요. 우리는 우리 소유의 밭을 가지고 있고, 직접 농사짓고 수확하고 양조합니다. 따라와 보세요."

어둡고 습한 샤토 드 뫼르소의 지하는 방과 방이 연속으로 연결되어 있어, 마치 길 찾기 게임을 하는 느낌이었다. 그를 따라갔더니, 코트 드 본 지역의 밭을 상세하게 표시한 지도를 보여줬다.

"여기저기 다 우리 샤토 드 뫼르소의 밭이에요. 이 밭 중에서 어떤 곳은 샤르도네를 재배해서 화이트 와인을 만들고, 또 다른 밭에서는 피노 누아를 재배합니다. 레드 와인을 만들죠."

지도를 가리키며 설명하는 그의 표정에서 아이처럼 들뜬 기색이 느껴졌다.

"자, 무슈. 이 밭의 떼루아에 가장 중요한 특징은 흙이에요. 표토를 살짝 걷으면 석회암층이 아주 두텁게 나옵니다. 이 석회암층이 없으면 좋은 와인을 만들 수 없어요. 샤르도네 품종에 석회석은 필수죠. 그래야 샤르도네 품종의 특성이 잘 나타납니다. 물론 그게 전부는 아닙니다. 밭마다 방향이 조금씩 달라요. 아까 제가 설명한 밭은 정동향인데, 이 밭은 실제 가보면 기울어진 방향이 달라서 살짝 북동쪽을 바라봐요. 평면으로 표현된 지도라서 잘 모르겠지만 실제 이 밭에 가보면 각도가 틀어져 있어요. 햇볕이 다를 수밖에 없겠죠? 그러니 이 밭에서는 본질적으로 다른 포도가 나옵니다. 이게 떼루아예요! 그리고 또 음……. 이

밭은 정말 작은 밭이에요. 우리가 갖고 있는 게 고작 두 고랑밖에 안 돼요. 하지만 정말 최고의 포도가 나옵니다. 미네랄이 끝내주죠. 와인을 몇 병 못 만들어요. 그리고……."

자, 이 책을 읽고 계신 분께 말씀드립니다. 와인 애호가나 관계자의 입에서 '흙, 표토, 고랑, 해의 방향' 요런 단어들이 나오기 시작하면, 여러분들은 지금 막 타임머신을 탄 것입니다. 무슨 말이냐고요? 당신이 진정한 와인 애호가라면 시간 가는 줄 모르는 즐거운 대화가 될 것이고, 와인 애호가가 아니라면 이 시간은 당신의 기억에서 영원히 사라지게 될, 미래로 바로 점프해서 넘어가는 순간이 될 것이니까요.

나는 흥분한 프랑스 젊은이의 열정을 가라앉히기 위해 뭐라도 해야만 했고, 그 지도가 있는 방에서 몸을 슬쩍슬쩍 다음 방으로 움직이며 '나는 이제 너무 다음 방으로 옮겨가고 싶다'는 비언어적 메시지를 던지고 있었다. 그때, 바로 내 뒤편으로 카메라를 눈에 대고 뭔가를 찍는 '척'하며 다음 방으로 휙 옮겨가는 장 셰프가 보였다. 나는 프랑스 청년에게 장 셰프가 지나간 문을 손가락으로 가리키며 '요즘 젊은이들은 어쩔 수 없다'는 듯이 머리를 절레절레 흔들며 어깨를 으쓱하고 쿨내 진동하는 장 셰프를 따라 재빨리 옆문으로 지나갔다. 고마워요 장 셰프. 나 오늘 부르고뉴 지방의 지질학과 토양학 마스터할 뻔했잖아, 그것도 샤토 드 뫼르소 건물 지하에서. 진짜 죽을 뻔했던 거지.

샤토 드 뫼르소의 미로 같은 지하는 이 건물의 역사와 부르고뉴의 자긍심을 고스란히 안고 있었다. 오크통이 가득한 방도 있었고, 부르고뉴 지도가 있는 방, 부르고뉴 와인의 현황을 알려주는 패널이 붙어 있는 방, 오래된 와인 양조 도구들과 예전에 쓰던 아궁이 같은 것도 있었고 식량 저장고도 있었으며, 중세 때 죄수를 가두던 지하 감옥도 있었다. 각 방은 다른 시기에 만들어졌고, 각자 다른 역사를 지녔다고 그 열정적인 프랑스 청년은 설명했다. 비록 내 눈길은 중간중간 보이는 병입된 채 저장되어 있는 뫼르소 와인에 꽂혀 있었지만. 저걸 한 병이라도 빼서 미친 척하고 병째로 마셔버릴까, 하는 생각이 머릿속에 가득 찼지만, 아까 봤던 지하 감옥이 생각나서……. 아무튼 와인에 관심이 있어 코트 도르를 오게 된다면, 샤토 드 뫼르소는 한 번쯤 들러볼 만한 가치가 충분히 있다.

지질학과 토양학의 지하로부터 나오니 이제 천국이다. 시음이 기다리고 있다. 방문 비용에는 시음이 포함되어 있었다. 이 코트 도르 여러 마을의 여러 밭에서 수확한 포도로 각각 양조한 와인을 맛볼 수 있는 시간이다. 앞서 이야기한 대로 부르고뉴의 전통은 와인을 양조할 때 다른 밭에서 생산한 포도를 함부로 섞지 않는다는 것을 명심하고 맛을 보면 정말 희한하다는 생각이 든다. 어찌 이리 다른 맛이 날까? 참고로 레드 와인 애호가들도 아쉬워할 필요 없다. 뫼르소 마을은 화이트 와인으로 유명하지만, 샤토 드 뫼르소는 코트 도르 여러 곳에 밭을 가지고 있으므로 레드 와인용 포도도 생산한다. 레드 와인도 맛볼 수 있다는 말이다.

다양하게 시음을 즐기며 색다른 부르고뉴 땅의 향을 즐겨 보고 취향에 맞는 걸 한 병쯤 사서 나오면 좋다. 욕심내서 두 병 사진 말고 딱 한 병 정도면 나중에 집에서 이 지하의 추억을 회상하는 데 충분하다. 솔직히 말하자면, 샤토 드 뫼르소가 코트 도르 지역의 꽤 좋은 밭을 여러 개 갖고 있는 것은 사실이지만 양조 기술이 이 지역에서 아주 뛰어난 건 아닌 것 같았거든. 부르고뉴에서 와인의 등급은 앞서 이야기했던 대로 양조를 얼마나 잘하냐는 것과 아무런 상관이 없다. 어떤 밭에서 난 포도로 와인을 만들었느냐가 모든 것을 결정한다. 그러니 같은 밭에서 난 포도로 만든 같은 등급의 와인도 양조 역량에 따라 맛이 천차만별이다. 그래도 등급은 전혀 달라지지 않는 곳. 땅에 강박적으로 집착하는 곳이 바로 이곳 부르고뉴다.

화이트 와인의 성지, 뫼르소 마을

나의 음주 인생은 2016년 9월 20일, 부르고뉴의 뫼르소 와인을 마시기 전과 후로 나눌 수 있다. 뫼르소 와인은 비싸다. 9월 20일 이전에는 '굳이 이 정도의 금액까지 내고 술을 마셔야 해?'라는 생각이 들었는데, 뫼르소 이후 '굳이 이 정도의 금액을 쓰면 정말 어마어마한 경험을 할 수 있구나!'로 바뀌었다. 그 가치를 알아주는 친구들과의 모임에서 와인 가격이 음식 가격보다 더 많이 나오는 '패가망신'의 길로 들어서게 된 것이다. 그래서 미리 분명하게 경고한다. 뫼르소 와인은 위험하다!

20만 원짜리 옷을 사는 것은 나에게 일어나지 않는 일이다. 나는 옷을 한 번 사면 10년은 그냥 입고 다닌다. 하지만 결국 언젠가는 그 옷과 이별하게 된다. 보통은 내 체형이 더 나빠지거나, 입을 수 없을 정도로 옷이 해어지게 될 때. 그런데 와인은 영원하다. 내 몸의 일부가 된다. 내 피부 아래에 내 육체의 일부로 평생, 영원히 함께하는 것이니 좀 더 돈을 써도 되지 않을까? 뫼르소 와인이라면 기꺼이 20만 원을 쓸 수 있다. 뫼르소 와인은 신의 물방울이자 농부의 땀이다. 그러니 그 가치를 위해 조금은 손이 떨리지만, 1년에 두세 번, 멋진 순간에는 뫼르소 와인에 20만 원을 쓸 수 있다는 신념이 나에게 있다. 처음부터 그런 것은 아니었고, 뫼르소 와인을 처음 만난 그날 이후로 생긴 신념이다. 이렇게

뫼르소 와인에 빠지면 위험해집니다, 여러분.

'뫼르소 와인'이라는 것은 무엇을 의미할까? 뫼르소는 코트 도르의 남쪽에 있는 코트 드 본에서도 남쪽에 위치한 마을의 이름이다. 따라서 일단 뫼르소라고 하면 부르고뉴 지방에 있는 한 마을의 이름이라고 생각하면 되고, 이 마을에서 생산한 와인을 뫼르소 와인이라고 부르는 것이다. 뫼르소 마을은 평지로 시작해서 서쪽으로, 세계 최고의 포도가 생산되는 코트 드 본의 언덕으로 이어져 올라간다.

뫼르소 마을이 갖고 있는 포도밭은 총 394ha 정도인데, 이 중 레드 와인의 원료가 되는 피노 누아Pinot Noir 품종을 재배하는 밭은 3% 정도밖에 안 된다. 뫼르소 마을의 밭 대부분은 화이트 와인의 원료가 되는 샤르도네Chardonnay 품종을 재배하고 있다. 뫼르소 마을은 인접한 곳에 위치한 퓔리니-몽라셰Puligny-Montrachet 마을과 샤사뉴-몽라셰Chassagne-Montrachet

Boucherie
Charcuterie
Traiteur
SAUF

HOTEL
du
CENTRE
Restaura
du centre

마을과 더불어 세계 최고 품질의, 최고가의 화이트 와인을 생산하는, 실로 화이트 와인의 성지다.

부르고뉴 사람들은 사람에게 이름을 붙이듯 포도밭에도 이름을 붙여 놓아서 밭들을 세세히 구분한다. 특히 1등급(Grand cru) 밭과 2등급(Premier cru) 밭에서 나온 포도는 다른 밭의 포도와 결코 섞이는 일이 없다. 대충 뭉뚱그릴 바에 차라리 죽음을 선택할 사람들이 바로 부르고뉴의 농부들이다. 3등급과 4등급 밭은 같은 등급끼리는 포도를 섞을 수 있지만, 역시 다른 지역의 밭에서 생산한 포도는 절대 섞지 않는다. 부르고뉴 사람들의 땅에 대한 강한 집념과 애착을 다시 한번 확인할 수 있는 대목이다.

부르고뉴 화이트 와인 생산의 정점을 찍는 뫼르소 마을의 경우, 마을 포도밭 전체 394ha 중 19개의 포도밭 96.97ha가 2등급 밭으로 지정받았다. 만약 뫼르소 마을에서 생산한 최고의 와인이 마시고 싶어지면 2등급 밭으로 지정받은 아래 19개의 밭 이름을 기억하고 있어야 한다. 와인병에 Premier cru(또는 1er cru로 표기)라고 등급 표시가 되어 있고, 마을 이름인 Meursault와 함께 뫼르소의 19개 밭 이름 중의 하나가 반드시 표기되어 있어야 비로소 최고 수준의 뫼르소 와인이다. 만약 와인병 라벨에 밭 이름이 빠져 있고 Meursault라는 마을 이름만 표기되었으면 3등급(Villages) 밭에서 생산된 와인이다. 3등급, 4등급 밭에서 생산된 와인은 밭 이름을 표기하지 않는다. 뫼르소의 이 19개의 밭은 1등급이 아닌 2등급의 밭으로 등급이 매겨졌지만 그건 그냥 무시해도 전혀 문제될 게 없다. 그 명성과 품질은 단연 세계 최고니까. 하지만 가격도 만만찮으니 신중히 판단하길 바란다. 나처럼 패가망신의 길로 접어드는 수가…….

— 뫼르소 마을 내 19개의 Premier cru 등급의 밭 —

Blagny, Charmes, Clos des Perrières, Genevrières, La Jeunellotte, La Pièce sous le Bois, Le Porusot, Les Bouchères, Les Caillerets, Les Cras, Les Gouttes d'Or, Les Plures, Les Ravelles, Les Santenots Blancs, Les Santenots du Milieu, Perrières, Porusot, Sous Blagny and Sous le Dos d'Ane

뫼르소 와인이 프랑스 사람들에게 얼마나 중요하냐면, 2차 세계대전 때 뫼르소 마을에 주둔 중이던 독일군을 포격해야 하는 상황에서, 혹여나 뫼르소 마을의 포도밭이 훼손될까 프랑스군이 포를 제때 쏘지 못했다는 이야기가 전해 내려올 정도다.

내가 이렇게 입이 마르도록 뫼르소 와인을 칭찬하면 많은 사람이 물어본다. 뫼르소의 와인은 뭐가 다르냐고. 그러면 나는 이렇게 대답한다.

"뫼르소는 입으로 마시는 것이 아니라 코로 마시는 와인입니다." (주의. 실제 와인을 코로 마셔서는 안 됩니다)

뫼르소 와인은 '마신다'라는 표현보다는 '맡는다'는 표현이 더 잘 어울린다. 물론 밭마다 그리고 도멘마다 그 맛과 향이 다르긴 하지만 뫼르소 마을에서 생산된 화이트 와인에는 공통적인 특징이 있다. 그 뉘앙스를 이 책에서 글로 표현하진 않겠다. 내가 아무리 글로 표현해도 뫼르소의 맛과 향을 제대로 전달할 수가 없다. 나는 그 복잡 미묘함을 글로 표현할 수 있는 역량이 없으니 직접 느껴보는 수밖에 없다.

뫼르소가 담겨 있는 와인잔에 눈을 감고 코를 박고 있으면, 비록 미

HOTEL

BOURGOGNES
Meursault

친놈처럼 보일 수도 있겠지만, 영원히 그렇게 있고 싶다는 욕망이 생긴다. 왜 뫼르소 와인 향수는 없는 것일까? 내가 이 뫼르소의 향에 한참 미쳐 있었을 때, 뫼르소 와인을 향수 찍어 바르듯 팔목의 맥 위에 계속 발라본 적이 있다. 그렇게 해서라도 그 향을 갖고 싶었다. (다시 한번 말하지만, 뫼르소는 이렇게 위험한 와인입니다. 한번 빠지면……) 그런데 신기하게도 그렇게 몸에 바르면 뫼르소 와인이 담긴 잔에 코를 넣어 맡았을 때의 그 향이 나지 않고 식빵 냄새만 폴폴 올라온다. 실로 신기한 와인의 세계다.

나와 장 셰프는 샤토 드 뫼르소를 나와서 뫼르소 마을을 둘러보고 있었다. 뫼르소 마을의 모습은 부르고뉴 지방의 여느 시골 마을과 크게 나르지 않았지만, 돌아다니다 보니 색다른 풍경이 눈에 들어오기 시작한다. 가장 좋은 품질의 포도를 생산하는 땅 위에 마을이 있어서인지, 집이 있어야 할 장소에 낮은 담장을 두른 채 포도가 살고 있는 집들이 곳곳에 보였다. 이런 밭들도 자신의 이름을 갖고 있다니. 보통 담장을 둘러싼 밭에는 '클로Clos'라는 단어가 이름 앞에 붙곤 한다.

점심 식사를 하기 위해 본Beaune 마을을 가려다가 차를 반대로 돌려 포도로 가득 찬 코트 드 본의 언덕으로 올라갔다. 7월의 햇볕을 쬐고 있는 샤르도네 포도밭 사이를 조심스럽게 차를 몰며 천천히 감상했다. 살짝 흥분되어 가슴이 두근거렸다. 내가 잔에 코를 박고 상상하던 그 밭의, 땅의, 포도의 모습이 이런 모습이구나. 다행히 차를 SUV로 빌려서 경사지고 울퉁불퉁한 코트 드 본 언덕의 포도밭 사이의 길로 달리는 데 큰 무리는 없었다. 중간중간 내려 밭에서 자라고 있는 샤르도네 포도와 이 포도에 양분을 공급하고 있는 흙을 손으로, 코로 한껏 느껴보았다. 다시 차를 타고 밭 사이를 가다가 또 내리고 싶을 때 내려서 뫼르소를 느꼈다. 따뜻한 바람과 바삭이는 햇볕. 어떻게 올라갔는지 모르겠지만 우리는 어느새 코트 드 본의 가장 높은 곳까지 올라와 있었고, 뫼르소 마을을 내려다보며 '우리가 여기에 다시 올 수 있을까?'를 되뇌며 프랑스의 시골을 만끽했다.

본 마을

도멘이라는 개념은 부르고뉴에 있는 개념이다. 이 도멘의 개념을 다른 와인 생산 지역에서도 가져다 쓰는지는 잘 모르겠으나, 부르고뉴 지방에서 만든 개념으로, 앞서 이야기했던 것처럼 농부가 자신의 밭에서 직접 농사지은 포도로 직접 양조하는 곳을 의미한다. 그런데 부르고뉴 대부분의 농부가 밭 하나를 완전히 소유하고 있는 경우는 드물다. (앞서 이야기한 것처럼 부르고뉴 사람들은 좋은 밭에는 이름을 붙여놨다) 하나의 밭을 몇 고랑씩 나누어 소유하고 있는 경우가 많기 때문에 이런 경우엔 포도를 수확해서 직접 양조하는 것이 그다지 매력적이지 않다. 또 농부들 중에는 양조에 재능이 없는 사람도 있을 수 있고, 이럴 때 농부들이 자신이 재배한 포도를 네고시앙Negociant에게 파는 일이 비교적 흔하다. 그러면 네고시앙은 수매한 포도를 밭마다 부르고뉴의 도道에 맞게 분류하여 와인을 양조해서 판매한다.

오래전에 네고시앙은 와인 도매상이었고, 농부들이 양조한 와인 원액을 벌크로 구매하여 병입해서 유통시키는 일을 하였다. 농부들의 입장에서는 농사짓고 수확하고 양조까지는 어떻게든 하겠는데, 이를 멀리 도시 지역이나 외국에 유통시키기 위해 병입하고, 도시의 구매자들을 직접 만나는 것이 어려워 생긴 직업이다. 이후 이 네고시앙들 중

Serret

포도를 수매해 직접 양조까지 하는 경우가 꽤 늘었다. 이런 양조장은 '도멘'이라고 부르지 못하게 규정되어 있다. 대신 '메종'이라고 명칭을 붙였다. (여러분들은 복습 중입니다) 포도 농사를 짓지 않으면 절대 도멘이라는 표현을 쓸 수 없다. 예상했겠지만 부르고뉴 사람들은 메종보다는 도멘에서 생산한 와인을 더 높이 평가하는 편이다. 이런 부분에서도 땅과 농업에 대한 부르고뉴 사람들의 강한 애정이 느껴진다.

부르고뉴 지방에 존재하고 있는 도멘은 총 3,580개 정도다. 반면에 메종의 수는 300여 개이고, 작은 포도 재배 면적을 가진 농부들이 함께 모여서 만든 와인 생산자 조합이 17개가 있다. 이들이 매년 생산하여 판매하는 부르고뉴 와인이 총 1억 8천만 병 정도고, 절반 정도가 해외로 수출된다. 조금만 생각해봐도 이 엄청난 양을 부르고뉴의 농부들이 직접 수출까지 할 수 없지 않은가? 네고시앙의 역할 역시 매우 중요하다.

그렇다면 부르고뉴 도멘의 농부들과 네고시앙들은 어디에서 만날까? 바로 본Beaune 마을이다. 예로부터 와인 원액 거래뿐만 아니라 병입이 끝난 부르고뉴 와인 경매가 일어나는 곳. 또 타지로의 운송의 출발점이 바로 이곳 본이다. 본 마을은 중세 이래 부르고뉴 와인 거래의 핵심적인 역할을 해왔고, 지금도 그러하다. 부르고뉴 와인 상거래의 중심인 본 마을에서 고속 열차 테제베(TGV)를 타면 부르고뉴 와인 생산지의 북쪽 끝 대도시인 디종Dijon까지는 고작 30분밖에 안 걸린다. 그리고 디종에서 파리까지는 기차로 1시간 반이면 간다.

도로가 발달하지 않았던 시절 물류의 핵심은 강이나 바다를 통해 배를 타고 움직이는 것이었다. 배를 통해서만 큰 화물을 옮길 수 있었다. 마차에 화물을 싣고 움직이는 것은 단거리엔 큰 문제가 없지만 장거리엔 분명한 한계가 따른다. 보르도 지방이 오래전부터 와인으로 부를 축

적할 수 있었던 이유기도 하다. 바다를 접하고 있고, 그 바다를 건너면 와인 최대 수입국인 영국이 있었기 때문이다. 그러나 부르고뉴 지방에는 바다가 없다. 물론 손Saône 강이 있지만 큰 배를 띄울 수 있는 강은 아니며, 강이 닿는 곳에 큰 소비지가 있는 것도 아니었다. 포도 재배에 있어 여러 기후적 요건은 부르고뉴가 보르도보다 유리하지만, 상업적으로는 보르도보다 훨씬 뒤처질 수밖에 없었다. 기차선로가 놓이기 전까지는 대량 운송이 어려웠던 것이다. 기차는 프랑스 내 와인 최대 소비지인 파리까지 부르고뉴의 와인을 안정적으로 운송할 수 있게 해주었고, 부르고뉴 와인 산업이 활기를 띠게 만드는 계기가 되었다.

이어서 자동차의 시대가 도래하고 도로 사정이 나아지기 시작했다. 1950년대 말, 파리에서 부르고뉴를 관통하여 프로방스 지중해까지 연결하는 태양의 차도가 개통되자 수많은 사람들이 부르고뉴로 몰려들었다. 프랑스 사람들뿐만 아니라 유럽의 여러 국가 사람들이 프로방스 지중해로 바캉스를 갈 때 자연스레 부르고뉴를 거치게 되었고, 도로와 교통의 발전은 부르고뉴 와인이 더욱 빠르게 세계로 나아가게 되는 계기가 되었다.

본은 아름다운 마을이다. '마을'이라고 하기에 2만이라는 인구가 적지는 않지만 중심가라고 불릴 만한 곳은 작은 마을 정도의 규모다. 조용하지만 좋은 식당이 많고 활기찬 곳이다. 이 마을에서 꼭 가봐야 할 곳이라면 '오스피스 드 본Hospices de Beaune'이라고 하는 건물이다. 화려한 부르고뉴식 저택에 화려한 왕관 같은 지붕이 씌워져 있는 것이 그 특징인데, 이름에서 알 수 있듯이 이 건물은 15세기에 지역 주민들을 치료하기 위해 병원으로 세워진 건물이다. 과거 이 지역 주민들은 병원을 돕기 위해 포도밭을 기부하기도 했다. 기부된 밭들의 규모를 합치면 총

60ha에 달한다고 한다. 현재 이 병원 건물은 박물관으로 바뀌었고 병원은 인근으로 옮겼지만, 기증받은 포도밭에서는 여전히 포도를 재배한다. 그 포도로 만든 와인의 이름이 바로 병원의 이름인 'Hospices de Beaune'이다.

앞서 이야기했던 대로, 부르고뉴 사람들은 절대 좋은 밭의 포도를 섞지 않는다. 그래서 Hospices de Beaune 와인의 종류도 거의 밭의 수만큼 있다고 보면 된다. 수확은 늦어도 10월 초에 마치고 바로 양조에 들어간다. 한 달 조금 넘게 숙성된 11월 셋째 일요일이 되면 부르고뉴에서 가장 중요한 축제인 '오스피스 드 본 와인 축제'가 오스피스 드 본 건물을 중심으로 열린다. 축제의 하이라이트는 와인 경매다. 오스피스 드 본 건물 지하에 보관하고 있던 올해의 햇와인을 첫 경매에 부치는 것인데, 이 경매는 본 마을이 부르고뉴 와인 상거래의 핵심이라는 상징성을 띠기도 하지만 이때 정해진 경매가가 그해 부르고뉴 와인의 가격을 좌지우지한다는 점에서 비즈니스 면에서도 중요한 행사다. 포도 농사가 잘된 해에는 경매가가 뛰고, 나쁜 해에는 경매가가 떨어진다. 낙찰 가격을 보면 포도 농사가 잘되었는지 아닌지를 판단할 수 있다.

오스피스 드 본을 한번 둘러봤다면 점심을 먹어야 한다. 나와 장 셰프의 선택은 레스토랑 '카보 데 아르슈Caveau des Arches'였다. 오스피스 드 본에서 400m 떨어진 곳인데, 레스토랑 이름에서 보이는 그대로 아치 형태의 지하 와인 저장고를 식당으로 개조한 곳이다. Arche에 복수의 s가 붙어 있으니 아치가 여러 개 있다는 뜻. 실제 지하에 있고 매우 아늑하고 아름다운 곳이며 천장에 여러 개의 아치를 볼 수 있다. 휴대폰은 전혀 터지지 않는다. 옛 와인 저장고의 정취를 즐기며 식사에 집중하기 좋은 식당이다. 또한 부르고뉴의 음식을 적당한 가격에 제시하고

RESTAURANT
CAVEAU
des ARCHES

있다는 장점까지 있다. 부르고뉴 와인 역시 저렴하게 즐길 수 있다.

식사를 마친 후 산책이 필요하다면 다음의 미션을 한번 수행해보시라.

부르고뉴에서 6대째 내려오는 한 도멘이 스카치위스키의 매력에 홀라당 빠져서 허우적거리다가, 결국 스코틀랜드로 찾아가 위스키 원액을 구했다고 한다. 그리고 부르고뉴의 아주 좋은 1등급 와인을 숙성했던 오크통을 구해서 그 통 안에 위스키 원액을 넣고 숙성시켰다. 독특한 부르고뉴식 위스키가 성공적으로 만들어지게 된 순간이다. 본 마을에 이 부르고뉴 스타일의 스카치위스키를 파는 숍이 몇 곳 있으니, 와인이 질렸다면 강렬한 위스키에서 부르고뉴의 손길을 느껴보시길. 참고로 위스키는 식후주로 마시는 것이 일반적이다. 선물로도 좋다. 부르고뉴의 위스키를 한 병 사보자. 한국으로 돌아와 위스키가 만들어지게 된 이야기와 함께 위스키를 좋아하는 친구들에게 맛을 보여주니, 다들 너무나 신기해하며 즐겼다. 부르고뉴 위스키 하나만 있으면 친구들 사이에서 인기인이 될 수 있다. 아는 척도 좀 하고.

아, 참고로 그 위스키의 브랜드명은 '맥 말든Mac Malden'이다.

부르고뉴의 루비, 피노 누아

후식으로 부르고뉴 오크 터치의 위스키까지 맛본 우리는 다시 차를 타고 북쪽으로 향했다. 본 마을은 술 인심이 좋아서 내가 구매 의지를 보여주니 연거푸 시음을 권했고, 결국 한 병을 사게 만들었다. 주류 판매점의 젊은 점원이 권해서 내가 맛본 위스키엔 공통점이 있었다. 부르고뉴의 1등급 그랑 크뤼 등급의 와인을 숙성시켰던 오크통에서 숙성된 위스키라는 점이었다. 그중 한 위스키는 정말 끝내주는 상쾌함과 우아함을 느낄 수 있었다. 그건 오크통에서 배어 나온 오크의 향취기도 하지만, 그 오크통에 담겨 있었던 와인 원액의 풍미도 함께 녹아든 것이다. 그 오크통에 담겨 있었던 와인은 부르고뉴의 루비라고 불리는 '피노 누아Pinot Noir' 품종으로 만든 것으로 그랑 크뤼 등급이다.

그랑 크뤼 등급의 밭에서 생산한 피노 누아 품종으로 양조한 와인의 가격이 어느 정도냐면, 몇 병이면 서울 시내의 집 한 채를 살 수 있을 정도다. 부르고뉴를 대표하는 피노 누아 와인 생산 마을인 본-로마네Beaune-Romanée에서 '로마네 콩티Romanée Conti'라는 밭에서 생산한 포도로 양조한 와인은 작황이 좋은 해라면 병당 10,000,000원을 넘어서기도 한다. 동그라미 개수 제대로 세시길. 이 로마네 콩티가 경매에서 기록한 최고가 판매 기록은 1945년산으로 그 가격이 무려 669,000,000원이었

다. 물론 한 병의 가격이다. 동그라미 개수 진짜 제대로 세시길. 자, 내가 왜 이렇게 흥분했냐고? 차를 타고 가며 본-로마네 마을을 보았기 때문이다. 왼쪽 저 멀리 로마네 콩티 밭이 보인다고 상상해보기를! 흥분을 가라앉히기 힘들다. 코트 드 본Côte de Beaune을 지나 북쪽으로 코트 드 뉘Côte de Nuits에 와 있는 것이다.

전 세계에서 평균 가격을 기준으로 가장 비싼 와인을 1위부터 10위까지 뽑으면 그중 8, 9개는 부르고뉴의 그랑 크뤼 와인들이다. 전부 피노 누아 품종으로 양조한 와인들이다. 꼭 그랑 크뤼 등급이 아니더라도 부르고뉴의 피노 누아 품종의 와인은 대체로 가격이 비싸다. 부르고뉴 남쪽 끝을 면하고 있는 보졸레 지역에서 대표 품종인 가메Gamay로 양조한 와인 한 병의 평균 가격이 1,000원이라 가정한다면, 부르고뉴, 특히 코트 드 뉘에서 재배하고 양조한 피노 누아 품종의 와인은 10,000원이다. 거의 10배가 차이 난다. 일단 가장 큰 이유는 포도 수확량의 차이

다. 피노 누아는 가메 품종에 비해 수확량이 적고 병충해에 약해서 기르기가 까다롭다. 수확량만 생각한다면 피노 누아 품종을 기를 이유가 전혀 없다. 그러나 피노 누아로 빚은 와인이 만들어내는 미묘하고 섬세하고 우아한 향의 가치는 그 까탈스러움을 압도한다.

부르고뉴의 비싼 와인 가격은 부르고뉴의 흙과 태양, 바람도 일조를 했지만 무엇보다도 이 피노 누아라고 하는 포도 품종이 큰 몫을 하고 있다. 피노 누아로 양조한 레드 와인에선 투명한 루비빛이 돈다. 너무나 매혹적인 그 빛깔과 향에 빠지면 가산 탕진의 길에 접어든다. 조심해야 한다. 코트 드 본과 코트 드 뉘를 중심으로 한 부르고뉴 지방에서 기르는 레드 와인용 포도는 100% 이 피노 누아라고 보면 되고, 화이트 와인용 포도는 90%가 샤르도네다. 복도 많은 부르고뉴는 언제부터 이 피노 누아를 재배했을까?

옛 기록을 찾아보면 서기 1세기에 로마제국이 피노 누아를 즐겼다는 기록이 있다. 그 기록에는 로마가 점령한 옛 프랑스 지역을 의미하는 골Gaul의 사람들은 야생 포도로 만든 와인을 즐겨 마시는데, 그게 하도 맛있어서 그걸 구해다 로마로 가져와서 마셨다고 한다. 그 와인이 피노 누아로 담근 와인이었던 것으로 추정된다.

로마제국이 빠져나가고 난 이후 중세에는 부르고뉴를 중심으로 활동하던 프랑스 가톨릭 베네딕트 수도회에서 성체성사聖體聖事에 쓰는 와인을 품질이 좋은 피노 누아 품종으로 양조할 것을 공식적으로 결정한다. 만약 베네딕트 수도회가 아니었다면 수확량이 좋지 않았던 피노 누아의 명맥은 끊겼을지도 모르는 일이다. 아, 그랬다면 지금 우리가 향유하고 있는 부르고뉴의 고혹한 향을 즐기지 못했을 것이다.

청빈과 노동이 천국으로 가는 길이라고 봤던 당시 수도사들은 종교적 신심으로 피노 누아 농사를 지었고 와인을 양조했다. 1098년, 베네딕트 수도회 산하 시토파 수도사들은 지금의 코트 드 뉘에 수도원을 짓고 포도원을 일구고, 열성적으로 피노 누아로 농사를 짓고 양조를 했다. 그 포도원 자리는 아직 그대로 포도원으로 남아 있다. 클로 드 부조Clos de Vougeot라고 불리는 곳이다. 50ha가 넘는 밭인데 담으로 둘러싸여 있다.

시토파 소속 수도사들은 그들의 신성한 노동에 대해 모든 것을 기록했다. 어떤 밭에서 어떻게 농사를 지으니 포도의 특성이 어떻게 변하고, 와인 맛이 어떻게 변하더라는 기록을 아주 상세히 남겼다. 방대한 기록이 바로 떼루아 개념의 초석이 되었다. 부르고뉴가 프랑스의 다른 와인 생산 지역보다도 특히 더 떼루아에 더 집착하게 된 것도 이런 역사적 영향이 있다. 시토파 소속 수도사들은 이렇게 열심히 기록을 남긴 후 다른 곳으로 발령이 나면, 다음 담당 수도사에게 그 상세한 기록을 넘겼다. 그리고 자신이 학습한 포도재배 기술과 양조 기술을 다음 발령지에 확산시켰다. 그렇게 포도재배 기술과 양조 기술이 수도원을 중심으로 확산, 발전하게 된다.

1395년, 부르고뉴 공국의 지배자였던 필립 공은 부르고뉴 땅에서 가메 품종의 포도를 다 뽑아내라고 명령한다. 당시 필립 공은 자신의 땅에 심긴 여러 품종의 포도 중에서 유독 가메를 싫어했다고 한다. 아니, 엄밀히 말하면 가메로 빚은 와인을 증오했다고 알려져 있다. 당시 잦은 전쟁과 돌림병으로 사람 손이 덜 가는 가메 품종이 부르고뉴의 농부들 사이에서 유행하고 있었다. 어렸을 때 영국에 인질로 끌려가 살다 온 필립 공은 영국 왕실에서 좋은 와인을 많이 맛보고 왔을 것으로 알려져 있다. 특이하게도 영국은 예전부터 제대로 된 와인은 전혀 생산하지 못하면서 유럽 대륙으로부터 와인을 엄청나게 수입한 나라였다.

좋은 와인에 입맛이 길들여진 필립 공이 다시 부르고뉴로 돌아와서 맛보게 된 가메로 양조한 와인은 도저히 먹을 만한 와인이 아니었던 것이다. 필립 공이 가메로 빚은 와인을 마시고는 '이걸 먹으면 인간이 죽을 수도 있다'라고 했다는 기록이 있다. (진짜다!) 그래서 그는 부르고뉴의 가메를 다 뽑아버리라는 광적인 명령을 내렸다. 이 명령에 대해 당시 많은 반발이 있었다는 기록이 있으나 필립 공의 의지는 확고했고, 결국 모두가 따를 수밖에 없었다. 그리하여 가메 대신 수도원에서 주로 기르던 피노 누아가 그 자리를 대체했고, 현재 부르고뉴에서 재배하고 있는 레드 와인용 품종은 100% 피노 누아가 되었다. 필립 공의 취향에 따른 폭정이 600년 후 부르고뉴에 커다란 부를 안겨주게 될 줄이야!

부르고뉴의 한국인: 天地人

앞서 언급했듯이 우리가 베이스캠프를 차린 보나 마을에서 머스터드 냄새를 쫓아 북쪽으로 1시간 반 정도를 가면 디종Dijon이 나온다. 들어봤겠지만 디종 머스터드의 그 디종이다. 인구 16만의 꽤 큰 도시다. 디종이면 이제 거의 부르고뉴 북쪽 끝에 도달했다고 보면 된다. 그러나 우리는 시골을 여행하는 것이니 디종에 도달하기 전에 핸들을 휙 꺾어 시골 포도밭으로 갔다.

아니, 머스터드도 농산물 아니야? 시골 여행을 한다는 사람이 왜 디종 머스터드는 그냥 지나쳐? 겨자 무시해? 고급 와인만 너무 좋아하는 거 아니야? 라고 물으신다면. 네, 독자 여러분. 디종 머스터드는 상업화된 관광 상품입니다. 수입 겨자 씨앗으로 만든다고요. 어디서든 다 만듭니다. 속은 느낌입니까? 부르고뉴의 떼루아가 녹아 있는 제대로 된 머스터드를 즐기고 싶다면, 'Moutarde de Bourgogne(부르고뉴 머스터드)'라고 쓰여 있는 제품을 구매하길 바랍니다. 그게 부르고뉴에서 재배한 겨자 씨앗과 부르고뉴의 화이트 와인을 블렌딩해서 만든 진짜 부르고뉴 머스터드입니다.

남에서 북으로 도로를 타고 달리는 우리의 좌측에는 나지막한 언덕, 코트 드 뉘Côte de Nuits가 도로를 따라 쭉 펼쳐져 있다. 코트 드 본Côte de

Beaune에서는 화이트 와인용 품종인 샤르도네가 주로 재배되고 있다면, 코트 드 뉘에서는 레드 와인용 품종인 피노 누아가 주로 재배되고 있다. 코트 드 뉘 언덕은 동쪽 또는 동쪽에서 살짝 남쪽을 보며 남북으로 뻗어 있는데, 이 코트 드 뉘의 언덕과 주변은 포도나무로 가득하다. 코트 드 뉘의 경사는 포도가 햇볕을 잘 받을 수 있도록 되어 있다.

그런데 언덕 위쪽의 급격한 경사 지역은 표토층이 얇아서 포도의 뿌리 내림에 불리하고 물도 너무 빨리 흘러버린다. 반면에 언덕 아래쪽의 완만한 경사가 끝나는 즈음에는 표토층이 두꺼워 포도의 뿌리 내림에 유리하고 햇볕도 적당히 들며 배수도 적당하다. 이런저런 특성을 보았을 때, 대체로 언덕 아래쪽의 완만한 경사가 끝나는 곳에 1등급 그랑 크뤼Grand cru 밭이 가장 많다. 이 끝없이 펼쳐진 포도밭의 질서정연하게 줄지어진 포도나무 패턴에 눈이 매직아이가 되며 최면 상태에 빠져들 때쯤 (그냥 졸렸을 수도) 옆에서 장 셰프가 나지막하게 이야기했다.

"다 온 것 같은데요?"

'지브리 샹베르탱Gevery Chambertin' 마을에 도착했다. 지브리 샹베르탱 마을은 디종에서 남쪽으로 15km 떨어진 작은 포도 재배 마을이자 와인 생산 마을이다. 인구는 3,000명이 전부고 주요 산업은 역시 포도 재배와 와인 생산이다. 이 마을의 원래 이름은 지브리Gevery였는데 이 마을에 있는 포도밭 중 샹베르탱Chambertin이라는 이름의 밭에서 생산한 포도로 만든 와인이 너무나 유명해서, 아예 마을 이름을 지브리 샹베르탱으로 바꾼 희한한 마을이다. (물론 못 마셔봤다)

이 샹베르탱 밭에서 생산되는 와인은 흔히 '나폴레옹의 와인'으로 알려져 있다. 나폴레옹이 전투에 나갈 때 반드시 이 와인을 가지고 나갔으며, 그가 황제에 재임했을 때 오로지 이 와인만 마셨다는 기록이 남아 있다. 그리고 나폴레옹이 워털루 전투에서 패전했을 때 그 전날 이 와인을 마시지 못해서였다는 소문이……. 아무튼 이 와인을 마시러 지브리 샹베르탱 마을에 온 것은 아니고, '메종 루 뒤몽Maison Lou Dumont'을 방문하기 위해서였다. 부르고뉴의 한국인을 만나기 위해 온 것이다.

박재화. 부르고뉴의 한국인 이름이다. 음, 그냥 찾아간다고 만나주는 분은 아니니 무작정 찾아가진 않길 바란다. 매너라는 게 있잖나. 연락드리고 허락받고 약속하고 가야 한다. 안 만난다고 하시는 분을 설득해서 만났다. 조건은 절대 얼굴 사진을 찍지 않겠다는 것. 그래서 이 책에는 박재화 님의 사진은 없다. (그런데 인터넷에서 박재화 님의 사진을 여러 번 본 적이……)

"아유, 어서 오시소!"

부르고뉴 억양의 경상도 사투리라니!

박재화 님은 경남 거제 출신으로 프랑스에서 미술사를 공부했고, 일본인 나카다 코지 씨와 결혼하여 부르고뉴에 정착했다. 처음엔 네고시앙으로 시작해 이제는 밭까지 구해서 포도 농사를 짓고 직접 양조까지 하고 있다. 이 부부의 뫼르소 와인은 만화 《신의 물방울》에 등장함으로서 일약 스타덤에 오르게 됐다. 이 부부의 와인 라벨에는 한자로 '천지인(天地人)'이라고 쓰여 있다. 하늘과 땅, 그리고 사람이 함께 만든 와인임을 의미한다.

박재화 님이 와인 저장고로 나와 장 셰프를 안내했다. 나와 장 셰프

의 여정에 함께 따라나선 친구들이 몇 있었는데 그들은 이미 와인 저장고에 도착해 있었다. 모두 함께 박재화 님의 설명을 들으며 시음을 할 수 있었다. 아, 이런 호사를 누리다니! 다시 한번 말하지만, 무작정 찾아가서는 안 된다. 매너가 아니다. 연락드리고 허락받고 약속하고 가야 한다.

"서울에 정말 좋은 레스토랑이 오픈했길래 가봤더니, 화이트 와인이 너무 달콤하기만 하니까 못 먹겠더라고요. 첫 잔을 비우려면 산미가 좀 있어야 해요."

부르고뉴의 산미 있는 샤르도네 화이트 와인을 숙성 중인 오크통에서 길이 50cm, 굵기는 수도관 정도는 되어 보이는 유리 스포이트를 쑤욱 집어넣었다가 바로 꺼내 잔에 떨어뜨려 맛보기 시작했다. 이 저장고에 오크통이 100개는 되어 보이는데, 어디 보자, 이걸 다 마시려면…….

같은 샤르도네 품종이지만 다른 마을 다른 밭에서 재배한 포도를 각각의 오크통에서 발효, 숙성시킨 화이트 와인을 비교해서 몇 잔 정도 맛을 보며 모두 소리 높여 부르고뉴 찬가를 부를 때쯤, 박재화 님이 슬슬 뫼르소 와인 쪽으로 향했다. 《신의 물방울》에 등장했던 와인이다. 《신의 물방울》에 등장했던 박재화 님의 뫼르소 와인은 2003년 빈티지였다.

"요거는 작년, 2018년 9월에 수확해서 통에 집어넣은 겁니다. 오크통도 좀 달라요."

박재화 님은 'Meursault 2018'이라는 종이 라벨을 붙인 오크통의 마

개를 열고 스포이트를 '척'하고 집어넣더니 뫼르소를 뽑아냈다. 그리고 우리의 잔에 조금씩 흘려 넣어 주었다. 나는 잔에 코를 박고 향을 느껴 보았다. 《신의 물방울》 9권에 보면 이 와인의 2003년 빈티지를 맛본 등장인물이 반 고흐의 '아몬드 꽃' 그림을 떠올리는 장면이 나온다. 나도 고흐의 '아몬드 꽃' 그림을 느껴 보려고 잔속에 코를 박고 눈을 감는데,

"바닐라 아이스크림이 떠오릅니다."
"어, 아까 마시던 거랑 같은 품종인데 많이 달라요."
"상큼상큼해요!"

같이 온 동료들의 다양한 품평이 시작되었다. 아직 아몬드 꽃이 만개하기에는 숙성 연한이 좀 짧긴 하지만, 《신의 물방울》 작가가 왜 아

몬드 꽃을 묘사하였는지는 알 듯 모를 듯할 때쯤 박재화 님이 경상도 사투리로 화답을 한다.

"손님들마다 다릅디다. 물론 빈티지마다 다르고요. 오크통이 또 영향을 많이 주는데, 오크통을 쓰기 전에 속을 한 번 불로 태우거든요. 그걸 어떻게 태웠는지에 따라 다르고, 또 오크통이 어느 숲에서 나왔느냐에 따라서도 달라요. 아무래도 이 뫼르소 마을에서 온 화이트는 다른 마을에서 온 것보다는 와인 자체의 느낌이 더 강하긴 하지요."

그러했다. 박재화 님이 말씀하신 대로, 오늘 맛보았던 와인에서 포도의 속성을 빼고 오크통만 비교해봐도 그 특성이 확연히 다르다. 내 옆에 있던 친구 하나가 박재화 님께 질문을 던졌다.

"맞아요, 대표님. 각 오크통이 정말 특징이 다른 것 같아요. 각각의 장점이 있는 것 같은데, 이 통에 들어가 있는 와인들을 믹싱하거나, 와인의 통을 옮겨가면서 숙성시키진 않나요?"
"우리는 그렇게 일 안 합니다."

순간 싸늘해지는 분위기. 분명히 말하는데, 내가 던진 질문이 아니었다. 대신 나는 언제나 궁금했던 질문을 던졌다. 피노 누아에서 언제나 조금씩 아쉬웠던 부분에 대해.

"대표님, 양조하실 때 와인의 탄닌에 대해 혹시 가지고 계신 방향이 있으신가요?"

"네. 우리는 포도 껍질 이외의 탄닌은 원하지 않습니다. 아마 피노 누아로 와인을 만드는 분들은 다 그러실 거예요. 씨앗이나 줄기로부터 오는 탄닌은 고려하지 않습니다. 오로지 이 얇은 껍질에서 오는 탄닌을 어떻게 부드럽게 뽑아낼 것인가에 대해서만 고민하지요. 그게 바로 피노 누아의 섬세함을 만들어내는 겁니다."

이어서 귀농에 관심이 많은 친구가 질문을 또 하나 던졌다.

"프랑스인들도 진입이 어렵다는 부르고뉴에서 아시아인으로 포도 농사를 짓고 와인 양조하고, 또 유통하는데 어려움은 없었나요?"

"아니요. 그런 거 없습니다."

"처음 시작할 때 거래를 뚫거나 그런 것에도 텃세가 없었나요?"

"3년만 신뢰관계를 쌓으면 됩니다. 돈 줄 때 따박따박 잘 주고 3년만 신뢰를 쌓으면, 그다음부턴 상대 쪽에서 먼저 연락이 옵니다. 텃세 그런 거 하나도 없습니다."

명쾌하고 단호한 대답이다. 그렇게 수많은 이야기가 오갔다. 분명히 나눴는데……. 참고로 나는 낮술에 매우 약하다. 한동안의 기억이 없다. 반투명의 루비빛이었나? 핏빛이었던가? 그 이후의 기억에 대해 같이 다녀왔던 친구 김 사무관의 말을 그대로 인용한다.

"시음했던 와인들에 뭔가 일관성이 있었어. 그리고 거슬림이 없었지. 박재화 님의 와인을 마시면서 이건 만든 이의 성격과 가치관, 인품이 그대로 녹아있다는 생각이 들었어. 그러면서 1차 감동을 하고 정성

天
人
VIN DE BOURGOGNE
Bourgogne
2011
地

스레 설명하고 있는 박재화 님의 모습을 보고 얘기를 들으면서 더욱 감동해버렸지 뭐야. 사실 좀 반한 것 같아. 그분은 뭐랄까, 질척거리는 사심이 느껴지지 않아. 술을 잘 빚겠다는 욕심은 있을지 몰라도 과하게 어필하려 한다거나 그런 게 전혀 없어. 솔직히 말해서, 심지어는 루 뒤몽에서 시음한 와인들은 내 취향이 아니었고, 나는 와인을 단 하나도 모름에도 불구하고 그랬다고."

1년이 조금 더 지난 2020년 9월 1일. 평소 친하게 지내던 신호상 버거킹 마케팅 총괄이사와 전날 출시된 2020년 가을 신제품 '버거킹 기네스 와퍼'의 첫날 실적에 대해서 간단히 이야기하고 있었다. 버거킹과 기네스 맥주의 협업 제품이었고, 기네스 맥주가 들어간 번에 기네스 맥주가 들어간 바비큐 소스가 들어간 와퍼였다. 첫날부터 기대 이상의 성과를 낸 제품이었다.

"출시 첫날 판매 실적이 저희 목표 대비 105%를 넘어섰어요. 기네스 버거를 첫날 매장당 평균 100개를 팔았습니다."

나 역시 이 기네스 버거 출시에 기대감이 부풀어 첫날에 매장이 오픈하자마자 달려가서 먹었던 터라 버거킹의 판매 실적에 기여한 것 같아 기분이 좋아졌다.

"제품이 좋으면 역시 시장은 바로바로 반응하는 것 같아요."

"네. 문 형님, 제품의 맛은 거짓말을 하지 않는 것 같습니다. 이 첫날의 성공을 계속 이어나가야 할 텐데요."

"제품이 좋으니 계속 입소문이 나면서 더 좋은 성과가 날 겁니다."

"우리 마케터들은 정말 정신이 없습니다. 지금 이 기네스 버거가 계속 잘 나가도록 해야 하고, 동시에 다음 시즌 신제품도 기획해야 하거든요. 아, 문 형님, 이번엔 맥주와 버거의 컬래버를 해봤는데 언젠가는 와인과 버거의 컬래버를 해봐야 하지 않을까 하는 생각을 하고 있는데요. 아이디어 좀 주시죠!"

그리하여 나는 눈을 희번덕거리며 와인 버거의 콘셉트에 대해 신들린 듯 쏟아냈다.

"일단 명칭은 '천지인(天地人) 버거', 또는 '와인 버거' 또는 '부르고뉴 버거'라고 합시다. 바이럴은 '신의 물방울 버거'로 나도록 하는 것이 좋겠죠. 착안은 이거예요. 《신의 물방울》 9권에 보면 '천지인' 와인이 등장하거든요. 이 와인은 한국 남성과 일본 여성이 결혼해서 만든 와인인데, 와인 라벨에 '천지인'이라고 쓰여 있어요. 와인이란 하늘과 땅과 사람이 만드는 것이란 의미인데, 햄버거도 마찬가지 아니겠어요? 하늘과 땅에서 기르는 밀, 양파, 가축 그리고 햄버거를 굽는 버거킹의 크루Crew는 사람이잖아요. 즉, 와인이랑 햄버거는 다르지 않다.

이제 레시피 콘셉트 나갑니다. 레드 버거는 소고기 패티에 부르고뉴 레드 와인을 졸인 뵈프 부르기뇽 소스Bœuf Bourguignon로 구현하는 거죠. 부르고뉴는 유제품이 유명하니까, 여기에다 크림이랑 치즈로 막 그냥! 이번엔 화이트 버거 레시피 콘셉트 나갑니다. 부르고뉴는 머스터드가 유명하거든요. 알죠? 디종 머스터드? 근데 이 동네 레시피가 머스터드에 부르고뉴 화이트 와인을 25% 정도 넣는 거예요. 이 동네에 또 유명한

게 뭐다? 네. 그렇죠. 닭고기. 근데 브레스 토종닭은 좀 비싸니까, 일단 그냥 닭을 쓰시고. 따라서 부르고뉴 화이트 와인을 넣은 머스터드 소스를 바른 구운 닭 패티, 그리고 고흐의 '아몬드 꽃' 그림에 나온 아몬드. 구운 아몬드를 잘라서 넣는 거죠. 소스로 써야 하는 부르고뉴 와인 원료는 박재화 님한테 연락하면 구할 수 있지 않을까요?"

"우와, 문 형님! 바로 고민 들어가겠습니다!"

과연 다음 시즌에 이 '프랑스의 시골'에서 건진 콘셉트의 버거가 버거킹에서 나올 것인가? 아마도 이 책이 더 뒤에 출시될 듯하니, (지금 출판사로부터 미친 듯이 독촉 받고 있긴 하다) 궁금하신 분은 버거킹이 혹시 와인 버거를 냈는지, 냈다면 어떤 와인 버거를 냈는지 한번 확인해보시라! 참고로 나도 그리 노멀한 사람은 아니지만, 신호상 버거킹 마케팅 총괄이사는 더더욱 노멀한 사람이 아니니 더 희한한 콘셉트로 출시되었을 수도 있다.

◊ 4 ◊

보졸레

Beaujolais

Netherlands
Belgium
Luxembourg
Germany
NORD-PAS-DE-CALAIS
PICARDE
HAUTE-NORMANDIE
BASSE-NORMANDIE
LE-DE-FRANCE
CHAMPAGNE-ARDENNE
LORRAINE
ALSACE
BRETAGNE
PAYS DE LA LOIRE
CENTRE
BOURGOGNE
FRANCHE-COMTE
Switzerland
Beaujolais
POITOU-CHARENTES
LIMOUSIN
AUVERGNE
RHONE-ALPES
Italy
AQUITAINE
MIDI-PYRENEES
LANGUEDOC-ROUSSILLION
PROVENCE-ALPES-COTE D'AZUR
Spain

◇ France Map ◇

부르고뉴를 떠나 론으로

부르고뉴를 떠날 때가 되었다. 짐을 챙겨들고 보나의 친구들에게 아마 내년에 또 오게 될 것이라고 작별 인사를 했다. 그 친구들은 이듬해 10월이 지나면 날씨가 좋지 않으니 꼭 그전에 오라고 했다. 코로나라는 인류의 재앙이 이듬해 초에 오게 될 거라곤 상상도 못 하고. 그래서 그 약속을 지키지 못했다.

남쪽으로 내려가면서 다른 지역의 프랑스 친구들에게 물었다. 부르고뉴 사람들은 어떤 사람들이냐고. 의외의 답이 왔다. 부르고뉴 사람들에 대한 스테레오 타입이 없다는 것이다. 왜냐면 어느 누구도 부르고뉴가 어디 있는 줄 모르고 가는 사람도 없으며 오직 부르고뉴의 와인만 마시기 때문이란다. 그러니 이 책을 읽고 계신 독자 여러분들은 웬만한 프랑스 사람들보다도 부르고뉴에 대해 많이 알게 되었다는 자부심을 가지시길.

보졸레의 꿈과 딜레마

부르고뉴의 포도재배 지역은 디종Djong에서 시작해서 마콩Mâcon 인근까지 수백 킬로미터를 내려온다. 마콩 지역을 지나 보졸레Beaujolais 지역으로 들어오면 행정구역상 론-알프스Rhône-Alpes 지역이다. 보졸레 지역의 와인에선 확연히 다른 부분이 나타난다. 일단 포도의 품종부터 다르다. 레드 와인을 기준으로 이야기했을 때, 보졸레 지역의 바로 북쪽까지는 대부분 '피노 누아' 품종을 기르고 있는데, 보졸레 지역으로 넘어오자마자 포도의 품종이 '가메'로 확 바뀐다. 등급체계도 부르고뉴의 다른 지역과 다른 방식을 취하고 있다. 그래서 많은 사람들이 바로 인근의 와인임에도, 보졸레의 와인을 부르고뉴 지방의 와인과는 완전히 다르게 받아들인다. 그 가격의 차이도 엄청나다.

앞서 이야기했지만, 보졸레 지역에서 주로 기르는 가메 품종은 부르고뉴의 피노 누아에 비해 기본적으로 수확량이 많고 일찍 성숙되는 조생종이다. 이 가메로 와인을 만들면 흔히들 깊은 맛과 정교함, 향이 떨어진다고 평가한다. 숙성해도 그다지 가치가 올라가지 않는 와인. 그래서 이 동네에선 와인을 오래 숙성하지 않고 발효가 끝나자마자 바로 주스처럼 마시는 문화를 가지고 있다. 그래서 부르고뉴의 다른 지역에서 생산하는 와인에 비해 보졸레 와인의 가격은 1/2에서 1/8 수준이다. 당연히 외지로의 판매와 수출도 매우 힘들었다.

고급 제품을 비싸게 파는 것도 좋은 일이지만, 대중적인 제품을 저렴하게 파는 것도 좋은 일이다. 누구의 생각이었냐면, 보졸레의 유명한 와인 제조업자이자 유통업자(네고시앙)인 조르주 뒤뵈프Georges Duboeuf의 생각. 그래도 메리트는 필요하지 않은가. 동네 골목에서 파는 '싸요싸요! 2개에 천 원!' 하는 과일도 실은 '산지 직송'이라거나 '진짜 달아요'라는 메시지와 함께 전달해야 잘 팔리는 법이다.

그래서 뒤뵈프가 제안한다. "우리 보졸레 지역의 가메는 조생종이니 다른 지역보다 훨씬 빨리 9월이면 수확하고, 발효하는 데 한 달이면 끝나. 숙성도 오래 안 하니 11월이면 마실 수 있는 와인이지. '올해의 햇와인'의 개념으로 한번 팔아볼까?"라는 접근이었다. 일종의 지역 마케팅인 것이다. 프랑스에서 그해에 가장 빨리 마실 수 있는 와인. 그리하여 1980년대에 '보졸레 누보(보졸레 햇와인)'라는 브랜딩이 시작되었고, '보졸레 누보'를 매해 전 세계에 햇와인이 나왔음을 알리는 축제의 술로 알리게 되었다.

그렇게 매년 11월 셋째 주 목요일에 전 세계인이 함께 프랑스의 햇와인 '보졸레 누보'를 마시는 행사를 퍼뜨렸고, 이게 먹혔다! 보졸레에서 생산한 와인의 글로벌 인지도와 판매량이 급증했다. 우리나라에서도 1990년대 후반부터 주요 호텔을 중심으로 11월 셋째 주에 보졸레 누보 행사가 열렸다. 그렇다면 보졸레 와인은 해피엔딩을 맞는 걸까?

소비자들은 보졸레를 '햇와인 행사 와인'으로는 받아들였으나 이를 지속적으로 소비하진 않았다. 보졸레 누보는 양조 기법도 상쾌한 포도주스를 마시는 듯한 느낌이 들 수 있도록 제조되었기 때문에 깊고 세련된 와인을 원하는 소비자들은 곧 떠나갔다. 이보다 더 큰 문제는 '보졸

레 누보'의 이미지가 뇌리에 박힌 소비자들은 보졸레에는 프레시한 와인만 존재한다고 오해하게 됐다는 사실이었다.

실은 보졸레에도 보졸레 누보에 어울리는 '빨리 마시는' 와인 말고 소위 말하는 '프리미엄급 와인'을 생산하는 10개의 마을이 있다. 그러나 보졸레 누보 마케팅 캠페인은 '누보'에 이들의 '프리미엄'이 묻혀버리게 되는 아이러니한 결과를 낳았다. 보졸레는 쉽고 가볍게 햇와인을 즐기는 용도라는 인식 탓에 오히려 보졸레의 고급 와인들은 높은 가격을 받기 어렵게 됐다.

우리는 보졸레의 프리미엄 와인 생산 마을 중 모르공Morgon 마을과 물랭아방Moulin A Vent 마을(풍차 마을이라는 의미)을 다녀왔다. 물랭아방 마을의 토질은 모래에 가까운 것이었고, 이 지역에서는 이 사토질 토양을 Gore라고 불렀다. 물랭아방 마을의 와인 맛은 이 특유의 사토층 떼루아에서 나오는 맛이다. 뜨거운 햇볕 아래, 포도나무의 형태와 토양은 뫼르소의 포도밭 언덕에서 봤던 그것과는 사뭇 달랐다. 물랭아방의 시골길은 대단히 평화로웠고, 매력적인 곳이었으며 포도밭을 배경으로 한 풍차 그 자체만으로도 인스타그래머블한 곳이었다. 멋진 와이너리들도 있었으며 곳곳에 적당한 로컬 식당들도 포진해 있었다.

보졸레 지역의 프리미엄급 와인 중 모르공과 물랭아방의 와인은 국내에서도 그리 어렵지 않게 구할 수 있다. 가메로 만들었음에도 밸런스가 잘 맞고, 주스처럼 벌컥벌컥 마실 수 있는 여타 보졸레 누보의 와인과는 확연히 구분되는 묵직한 숙성 와인이다.

그렇다면 보졸레 지역 프리미엄 와인을 생산하는 10개 마을의 딜레마는? '보졸레' 출신이라는 것을 오히려 숨겨야 잘 팔린다는 것이다. 이게 큰 딜레마다.

PAULANER MÜNCHEN
LE SAVANNAH
D 337
BEAUJEU
Mont Brouilly
BOULANGERIE
TABAC
PRESSE
LE PROGRES

Restaurant
CAFÉ
BEAU
MONS
CHAUFFAIL

◦ *Part 2* ◦

프로방스

Provence

VAUDIEU

◊ 5 ◊

론 강 남부

Rhône

Netherlands
Belgium
Luxembourg
Germany
NORD-PAS-DE-CALAIS
PICARDE
HAUTE-
NORMANDIE
BASSE-
NORMANDIE
BRETAGNE
LE-DE-FRANCE
CHAMPAGNE-
ARDENNE
LORRAINE
ALSACE
PAYS DE LA LOIRE
CENTRE
BOURGOGNE
FRANCHE-
COMTE
Switzerland
POITOU-
CHARENTES
LIMOUSIN
AUVERGNE
RHONE-
ALPES
Italy
AQUITAINE
MIDI-PYRENEES
LANGUEDOC-
ROUSSILLION
Rhône
PROVENCE-ALPES-
COTE D`AZUR
Spain

◇ France Map ◇

샤토뇌프 뒤 파프 마을의 일몰

우리는 남쪽으로 향했다. 프랑스를 대표하는 맛의 도시 리옹Lyon을 지나고 리옹을 관통하는 강을 따라 움직이면 프로방스로 들어가는 길목이 된다. 이 강의 이름이 '론Rhône'이다. 론 강을 따라 와인용 포도밭이 끊임없이 이어진다. 론 강은 프로방스의 젖줄과 같다. 강줄기는 프로방스를 지나 고흐의 도시인 아를Arles에서 지중해와 만난다. 론 강을 따라 남으로 내려가는 '태양의 차도'를 타고 태양을 향해 달려간다. 론 강을 따라 남으로, 남으로.

론 강의 북부 지역에는 전 세계에 알려진 유명한 와인 산지들이 많다. 리옹에서 조금만 내려가면 코트 로티Côte-Rôtie가 나오고 이어서 콩드리유Condrieu, 생 조제프Saint Joseph, 에르미타주Hermitage로 이어진다. 이번 목표는 프로방스 지역이니 이 아름다운 산지 마을은 다음으로 기약하며 더 남으로 내려간다. 그리고 곧 오랑주Orange에 도달할 것이라는 표지판이 나오면, 축하합니다. 드디어 프로방스로 들어오셨습니다.

그리하여 오랑주 인근 고속도로에 내려 시골 지역으로 운전해 들어간다. 론 강의 남부, 즉 프로방스 지역으로 와서 도착한 곳은 '샤토뇌프 뒤 파프Châteauneuf-du-Pape' 마을이다. 이 마을의 이름을 번역하자면 '교황의 새 샤토'인데, '샤토'는 성이나 대저택을 의미하기도 하지만 양조장을 의

Le Verger des Papes
CHÂTEAUNEUF-DU-PAPE
Restaurant

미하기도 한다.

이 샤토뇌프 뒤 파프 마을은 1309년 유럽에 일어났던 사건인 '아비뇽 유수'와 밀접한 관련이 있다. 아비뇽 유수는 프랑스 왕이 교황의 로마행을 막고 아비뇽에 70여 년간 가둬놓았던 일대의 스캔들이었다. 그러나 아무리 교황이 갇혀 있어도 술은 마셔야 했을 것이고, 교황이 마시던 술과 와인을 만드는 포도를 재배하는 곳이 바로 이 마을이었던 것이다. 이 마을은 아비뇽에서 불과 몇십 분 떨어진 거리에 있다.

샤토뇌프 뒤 파프 마을의 언덕 위에 올라 사방이 탁 트인 식당의 앞마당에 앉았다. 그리고 샤토뇌프 뒤 파프 마을의 해 지는 포도밭을 내려다보며 샤토뇌프 뒤 파프의 와인을 마시니, 마치 내가 정점에 서 있는 듯한 느낌이 들었고, 해 질 녘 샤토뇌프 뒤 파프의 해는 마치 카로틴이 함유된 사료를 먹은 암탉의 계란 노른자처럼 주황빛으로 빛났다. 해 질 녘 시원한 북풍이 불 때마다 '아, 나는 이 미스트랄Mistral로 비로소 시큼한 산미가 올라오는 밸런스가 좋은 아재가 되고 있어. 수령 40년이 넘은 샤토뇌프 뒤 파프의 그라나슈 포도나무처럼!'이라는 생각에 마음 한편이 울컥해진다. 물론 프로방스의 북풍 미스트랄은 이 시기에 불지 않는다.

언덕에서의 저녁 식사

내가 올라간 언덕은 남부 론을 대표하는 와인 생산 마을인 '샤토뇌프 뒤 파프'의 중심에 봉긋이 솟아 있다. 마을이 이 언덕을 동심원의 형태로 감싸고 있다. 이 언덕 위에는 폐허가 된 샤토뇌프 뒤 파프 성의 흔적이 남아 있다. 언덕에 서서 주위를 둘러보면 샤토뇌프 뒤 파프 마을의 모든 것을 볼 수 있다.

따라서 이 언덕에 있는 식당 'Le Verger des Papes'는 이 동네에서 가장 높은 곳에 위치한 식당이다. 미스트랄이 불어오는 북쪽을 향해 있다. 아래를 내려보다면 이 샤토뇌프 뒤 파프 마을이 진정으로 포도 농사와 와인 양조로 먹고사는 동네라는 것을 단번에 알아차릴 수 있다. 그 어느 쪽을 둘러봐도 포도밭밖에 보이지 않는다.

Le Verger des Papes의 돌담 바로 옆에 앉아 프로방스에서의 첫 식사를 즐긴다. 확실히 부르고뉴와는 음식의 모습이 다르다. 버터가 사라지고 그 자리를 올리브오일이 대체하고 있다. 요리에 끼얹는 소스들도 풍부한 맛의 버터가 빠지고 가벼운 육수나 올리브오일 계열의 가벼운 터치로 바뀌어 있다. 그리고 식재료에서 '초록색'의 비중이 올라가고 다양한 허브가 음식 위에 올라간다. 영험함이 느껴질 정도로 주황빛인 프로방스의 노을이 음식 위에 살포시 앉을 때, 그때 한 스푼 떠서 입으로

Le VERGER des PAPES

DOMAINE

가져가면 된다.

담백하고 신선한 음식들과 한눈에 보이는 샤토뇌프 뒤 파프 마을의 전경은 내 모든 감각을 풍성하게 열어주었다. 언덕에서의 저녁 식사는 나를 조금 더 여유롭게 만들어주는 듯했고, 나아가 프랑스 시골의 시간이 어떻게 흐르는지를 선명히 보여주었다. 검붉은 샤토뇌프 뒤 파프 와인은 그 영험함을 이미 한껏 머금었으리라.

3L
2016
C. RESERVEE
3L
2016
C. RESERVEE
3L
2016
DOMAINE DU PEGAU
Châteauneuf-du-Pape
3L
2016
C. RESERVEE
3L
2016
C. RESERVEE
3L
2016
C. RESERVEE
DOMAINE DU PEGAU
Châteauneuf-du-Pape
3L
2016

나무문: 폐고 양조장

"여름을 향해가는 계절–친한 동무들과 풀숲을 뛰어다니며 날이 저물도록 신나게 놀고 있었다. 술래잡기를 하고 있던 나는 언제부터인가 친구들의 기척을 어디에서도 느낄 수 없게 되었고, 공터에 혼자 남겨져 있다는 사실을 깨달았다. 펼쳐지기 시작한 저녁노을이…… 그 꽃들을 붉게 물들여간다. 어디선가 저녁밥을 짓는 맛있는 냄새가 바람을 타고 날아온다. 땅거미 지는 공터에 홀로 남겨진 불안감에, 단란한 가족을 떠올리게 만드는 냄새를 담은 바람에 걷잡을 수 없이 집이 그리워진다. 가자, 그만 집에 가자. 그렇게 생각하며 걸음을 내딛는다. 하지만 황혼이 밀려드는 주택가는…… 어느 집이나 똑같아 보인다. 정신을 차리자 나는 집 앞에 서 있다. 살며시 열린 창문으로 단란한 웃음소리가 새어 나온다. 사랑하고 신뢰하는 가족의 온기를 찾아…… 나는 무거운 나무문을 열었다."

명작만화《신의 물방울》에 나오는 '제3사도'에 대한 묘사다. 실은《신의 물방울》은 이 제3사도까지가 재밌다. 그 이후의 내용은 비슷한 플롯에, 지나치게 장황한 와인에 대한 묘사와 반복되는 찬양이 읽는 이를 질

리게 만든다. 아무튼 저 제3사도에 대한 묘사 부분을 읽을 때마다 '신기하다. 하지만 뭔가 좀 과하네'라는 생각을 했다. 그러나 '샤토뇌프 뒤 파프' 마을을 방문하고 있었던 나의 발길은 이미 제3사도를 생산하는 '페고 양조장Domaine du Pegau'으로 향하고 있었다. 책이 주는 지적 만족감보다 오히려 책이 유발하는 호기심을 더욱 자극하는 경우라고나 할까.

실은 나는 아직 저 제3사도의 '나무문'을 열어본 적은 없었고, 페고 양조장에서 한국으로 수출한 좀 저렴한 버전의 '부엌 뒷문을 열고 나가 뒤뜰 바닥에 떨어진 딸기 몇 알을 해가 중천에 떴을 때'의 와인은 맛본 적이 있다. 그런데 그 부엌 뒷문은 나무문은 아니었고, 아니, 나무문은 맞았지만 강철로 프레임이 단단하게 짜인 문이었다. 제3사도 페고 양조장의 '다 카포Da Capo'의 문을 열려면 한국의 와인 바에서 100만 원은 족히 써야 하는데, 내 지적 호기심을 채우기 위해 그 정도의 돈을 쓸 만큼의 재력은 갖고 있지 못하다. 그래서 페고의 다 카포보다 세 단계 아래의 와인을 맛본 경험이 있는 정도다.

페고 양조장에 연락했을 때 그 도도함이 극에 달했던, 귀찮은 것을 매우 싫어할 것이 분명한 홍보 담당 직원이 우리를 양조장에서 맞이하였다. 샤토뇌프 뒤 파프 마을이 처음이라 주소가 헷갈려서 조금 늦었는데 그게 그렇게 못마땅했나 보다. 이러면 나도 세게 나간다. 차에서 점프해서 내리자마자 "봉주르, 마담!"과 함께 흰 치아를 활짝 열어 보이며 미소를 날렸다. 그리고 시키지도 않았는데 달려가서 "나 너네 와인 한국에서 사 먹었잖아. 진짜 맛있었어!"라고 했다. 실은 내가 마신 게 이 집의 간판 스타 '다 카포'가 아니라 '부엌 뒷문 열고 나가서 마당에서 떨어진 딸기를 주워 먹었어. 아, 해는 중천'이었다는 말은 하지 않았다. 아무튼 직원이 나의 오지랖에 작은 미소를 날림으로써 살짝 불쾌했던 내

기분은 꽤 나아졌다. 나만의 소소한 자위형 복수다.

양조장 주위를 둘러보니 포도밭이 사방을 감싸고 있었다. 7월의 샤토뇌프 뒤 파프 마을의 포도밭에서 사람을 본 적이 거의 없었다. 다만 무인 포도밭을 곰곰이 살펴본 결과, 이 마을을 포함한 남부 론 강 유역의 포도나무는 대체로 부르고뉴의 포도나무들보다 키가 더 크고 의도적인 가지치기가 적은 듯했다. 전반적으로 보았을 때 남부 론의 와인 가격은 패가망신을 유발한다는 부르고뉴의 와인보다는 저렴하다.

고개를 들어 저 먼 곳을 보니 샤토뇌프 뒤 파프 마을의 랜드마크라고 할 수 있는 샤토뇌프 뒤 파프 성의 타워가 보였다. 멀리서 보면 너무나 멀쩡해 보이지만 실은 폐허가 된 14세기의 구조물이다. 로마로 가지 못하고 아비뇽에 머물러야 했던 일곱 교황들 중 두 번째 교황이었던 요한 22세가 여름 별궁으로 지었던 건물이 바로 이 샤토뇌프 뒤 파프 성이었다. 이 교황의 여름 별궁은 1944년까진 멀쩡한 모습으로 보존되었다. 당시 이 마을을 점령하던 독일군이 이 여름 별궁을 무기고로 썼고, 연합군의 프랑스 진입으로 퇴각하게 되자 아무런 죄가 없는 교황의 여름 별장을 폭파시키고 도망쳤다. 극악하다. 1687년까지 완벽한 모습을 하고 있었던 아테네의 파르테논 신전을 화약저장고로 쓰다가 베니스군과의 전투에서 파르테논 신전을 완전히 날려먹은 오스만튀르크만큼이나 극악하다. 다행히 샤토뇌프 뒤 파프 성의 남쪽 벽면의 일부가 폭발에서 살아남았는데 멀리서 보면 타워처럼 보였다.

샤토뇌프 뒤 파프 마을 어디에서나 보이는 이 타워는 해 질 녘이 되면 프로방스의 주황색 해가 쏟아내는 붉고 뜨거운 기운을 받아, 언덕 위 등대가 되어 마을의 포도에 그 빛을 반사시킨다. 마을의 포도와 포도 잎을 마치 꽃으로 변신시키듯 붉게 물들여간다. 페고 양조장에서도 보이는 언덕 위 등대는 '나의 빛은 영험한 힘을 가지고 있지'라는 근엄한 태도로 페고 양조장을 내려다보고 있는데, 제3사도의 출발은 분명히 이 타워가 쏟아내는 빛의 영험함에서부터일 것이다. 노을이 나를 거의 붉게 변신시킬 때쯤, 이미 그 영험함을 충분히 받아들였을 것이 분명한 페고 양조장의 홍보 담당자가 테이스팅 룸에서 나를 기다리고 있을 것이라는 생각이 들었다. 나는 더 이상의 변신을 포기하고 테이스팅 룸을 향해 빠르게 달려갔다.

샤토뇌프 뒤 파프의 와인병

프랑스에서 생산되는 와인병에는 산지별로 디자인에 공통점이 있다. 반드시 그렇지는 않지만 주요 와인 산지는 그렇게 하는 경우가 많다. 대표적인 것이 뽀글뽀글 거품이 올라오는 샴페인병일 것이다. 샴페인은 반드시 샹파뉴 지방에서 생산되어야 샴페인이라고 이름을 붙일 수 있다고 법으로 규정되어 있고, 여러 양조장이 생산하는 샴페인은 라벨은 달리 붙이지만 병 모양은 거의 통일되어 있다. 목이 길고 유려하게 생긴 모양이다.

보르도 지방의 와인병은 병목 아래 몸통이 원통형처럼 생겼고, 부르고뉴 지방의 와인병은 아래가 굵은 유려한 곡선형이다. 그런데 샤토뇌프 뒤 파프 마을에서 생산되는 와인이 담긴 병은 병목 아래에 별도로 양각이 되어 있는 문장紋章이 눈에 띈다. 이 양각 문장은 특정 양조장의 것이 아니라 샤토뇌프 뒤 파프의 문장으로, 이 마을에서 생산되는 와인이 담기는 병에 공통적으로 사용된다. 성 베드로의 천국으로 가는 열쇠 2개가 교차해 있고, 그 위에 교황의 티아라가 올라 있다.

샴페인, 보르도 와인, 부르고뉴 와인병에서는 이런 양각 디자인이 없다. 10여 년 전 샤토뇌프 뒤 파프 와인을 처음 맛보았을 때 이 양각 문장에 자꾸 눈이 갔다. 샤토뇌프 뒤 파프 마을에서 빚은 와인의 권위와

역사성이 느껴지는 듯했다. 실은 샤토뇌프 뒤 파프뿐만 아니라 남부 론의 와인 생산 마을들 중에 마을 공통의 문장을 병목 아래에 양각하는 곳이 꽤 있다. 바케라스 마을의 와인에도 공통의 문장을 병목 아래에 양각해두었다.

그런데 재밌는 점은 샤토뇌프 뒤 파프에서 생산한 와인 중에서는 '천국의 열쇠와 교황 티아라' 문장이 아니라 '교회의 지붕 아래에 놓인 주교관主教冠'을 양각 문장으로 쓰는 경우도 있다. '네. 그렇습니다. 우리 샤토뇌프 뒤 파프 마을에는 서로 사이가 썩 좋지 않은 2개의 와인 생산자 조합이 있지요. 저쪽은 교황의 것, 여기는 법적인 문제를 피해서 주교의 것으로 새롭게 디자인했습니다'라는 암시적인 고백을 새로운 생산자 조합의 홈페이지에서 찾을 수 있다. 어쨌든 문장은 다르지만 같은 샤토뇌프 뒤 파프 마을에서 나는 와인이다.

반쯤 열린 나무문: 페고 양조장

페고 양조장의 테이스팅 룸에서는 프로페셔널한 '페고' 전도사가 서 있다. 역시 영험한 빛을 자주 쬐어서 그랬을까, 아니면 나의 소소한 자위형 복수 때문이었을까? 홍보 담당자는 전화 통화에서 들렸던 짜증, 처음 나와 내 동료들을 맞이할 때 보여주었던 모습과는 전혀 다른 프로페셔널한 모습으로 서 있었다. 하지만 남부 론 사람 특유의 유쾌함은 느껴지지 않았다. 딱딱하다. 만약 그녀가 남부 론 사람이 맞다면 유쾌함을 빼앗기는 저주가 씐 것이 분명하다.

홍보 담당자의 손에는 와인병이 들려 있다. 물론 페고 양조장의 와인병이다. 병에는 이 와인이 페고 양조장의 것이며, 샤토뇌프 뒤 파프 마을에서 생산되었고, 생산 연도가 언제인지, 이 와인의 브랜드명이 무엇인지 등에 대한 정보가 들어간 종이 라벨 몇 장이 붙어 있다. 병목 아래로는 별도로 양각된 샤토뇌프 뒤 파프 와인임을 증빙하는 '문장'이 보인다. '내 속에 든 것은 천국으로 가는 열쇠란다, 꼬마야'라고 말하고 있는 듯하다.

그녀는 와인병을 보여주며 페고 양조장의 자랑스러운 역사를 이야기했다. 페고Pegau는 인근에서 발굴된 로마시대의 술 따르는 용도의 도기 주전자에서 따왔다는 이야기와 함께 샤토뇌프 뒤 파프 마을에 존재

하고 있는 세 가지의 다른 토양을 설명했다. 실제 마을 인근의 포도밭을 둘러보면서 꽤 묵직한 둥근 돌멩이들이 포도밭에 놓인 것을 보았다. '아하, 매서운 북풍 미스트랄에 토양이 침식되지 말라고 사람들이 저 돌로 토양을 눌러 놓은 거로군'이라는 추측을 했었는데, 실은 이 마을의 상당 부분이 강바닥이 융기되면서 생긴 지형이라 강바닥에 놓였던 돌멩이들이 물 밖으로 노출된 것이라고 홍보 담당자가 설명해 주었다. 그리고 그 아래에는 빨간색 흙이 깔려 있다고 했다. 페고 와인의 맛은 그 둥글한 돌에 눌린 빨간색 흙에서 온 것이다.

마을에는 석회암이 섞인 포도밭이 있고 모래로 덮인 포도밭도 있는데, 페고 양조장에서 제일 잘 나가는 다 카포Da Capo 와인의 경우 주로 이 모래 포도밭에서 열리는 포도들로 만든다는 설명을 덧붙였다. 이 다 카포가 바로 《신의 물방울》에 나오는 제3사도다. 그리고 샤토뇌프 뒤 파프 마을에서 재배 허용된 13개종의 포도 품종을 자신의 밭에서 농사짓고, 이들 13개 품종을 모두 섞어서 와인을 만든다는 이야기를 할 때는 비밀을 털어놓듯 조용조용한 말투였다. 포도를 절대 섞지 않고 단일 품종으로 농사짓고 단일 품종으로만 술을 빚는 부르고뉴와는 달리, 이곳 남부 론 지역에서는 블렌딩하는 방법을 추가함으로써 인간이 와인에 더욱 깊이 관여하고 있다.

이어서 우리는 페고 와이너리의 다양한 와인을 테이스팅했다. 아래에서 위로, 저렴이에서 고렴이로. 《신의 물방울》의 주인공처럼 맛을 보았다. 가장 저렴한 버전은 '포도밭에서 포도를 따서 입에 넣었는데 알고 보니 건포도 맛'이 났고, 중간 버전은 '부엌 뒷문을 열고 나가 뒤뜰 바닥에 떨어진 딸기 몇 알을 해가 중천에 떴을 때 주워 먹은 맛', 내가 아는 그 맛의 와인도 있었다. 다양하고 흥미로운 맛의 향연이다. 그리고 마지막으로 시음한 페고 양조장의 큐베 레제르베Cuvée Réservée는 상당히 높은 등급의 와인이었다. 입속에서 확실히 더 깊은 맛이 났고, 내 머릿속의 심상이 좀 더 복잡하게 그려지기 시작했다. 눈을 감았다. 해는 이미 넘어갔지만 여전히 따뜻한 바람이 남쪽에서 불어온다. 둥근 돌덩이를 쌓아 올려 벽을 만든 집의 지붕을 타고 넘어온다. 바람에 나무로 만든 옆집의 빵 굽는 냄새도 함께 실려 온다. 초콜릿 향도 묻어 있다. 그 돌덩이로 만든 집을 조금 더 깊이 살피기 위해 나는 페고 양조장에서 마지막 한 방울의 와인을 내 입속으로 떨어뜨리고 다시 눈을 감았다. 그 집의 나무로 만든 나무문이 열려 있었고, 문 안쪽으로 보이는 책상 위에서 작은 촛불의 그림자가 일렁이고 있는 것이 어렴풋이 보인다. 그런데 문이 활짝 열려 있진 않고, 반쯤 열려 있네. 뭔가 감질나다.

바케라스의 밤

우리는 부르고뉴에서 론 강을 따라 내려왔다. 샤토뇌프 뒤 파프 마을에 가장 먼저 들렀지만 저녁만 먹고 도로 나와야 했다. 이유는? 그 마을에 우리가 묵을 만한 호텔이 없었기 때문이다. '묵을 만한 호텔'이라 함은 여러 의미를 가진다. 먼저 우리가 낼 수 있는 금액에 부합하는 호텔, 그리고 스태프까지 10명이 넘는 인원이 묵을 수 있는 호텔이 '묵을 만한 호텔'이다. 불행하게도 우리는 하루에 20만 원이 넘는 호텔에 들어갈 수 있는 상황이 아니었고, 가격이 저렴한 곳은 10명이 묵을 수 있을 만큼의 충분한 방이 없었다. 에어컨이 없는 곳도 '묵을 만한 호텔'은 아니었다. 생명의 위협을 느낄 정도의 더위였다.

프랑스 중부의 와인 생산 지역을 구분할 때 북에서 남으로 부르고뉴, 보졸레, 북론, 남론으로 나누는데, 이 론 강의 남쪽은 실은 행정구역상으로는 '프로방스 주'다. 프로방스 주면 왠지 꽃과 허브가 바람에 하늘하늘 흔들리며 향기로운 그 무엇을 뿜어내고 있을 것 같지만, 7월의 프로방스는 불지옥이다. 그리고 그 불지옥을 관통하고 있는 론 강의 주변에 주요 포도 산지들이 있다. 남론 지역의 가장 유명한 포도 생산지로는 샤토뇌프 뒤 파프 마을과 《신의 물방울》로 더욱 유명해진 지공다스Gigondas 마을이 있다.

Jupiler
Café du Cours

우리는 샤토뇌프 뒤 파프 마을에도, 지공다스 마을에도 '묵을 만한 호텔'이 없다는 것이 매우 슬펐다. 아무리 슬퍼도 잠은 자야 하니 인근의 마을을 뒤졌다. 물론 프랑스에서 뒤진 것은 아니고 한국에서 출발 전에 구글 지도로 뒤졌고, 지공다스 마을에 딱 붙어 있는 Vaqueyras 마을에 '묵을 만한 호텔'이 있다는 것을 알아내 예약했다. 그런데 문제는 이 마을의 이름을 어떻게 발음해야 할지 모르겠다는 것. 영어로 읽어 보니 '배퀘이레이스'이고, 또다른 자료를 찾아보니 '바께라', 또 다른 자료를 찾아보니 '바케라스'라고 한다. 사흘 전까지는 '바께라'라고 읽었고, 오늘은 '바케라스'라고 발음하기로 정했다. 내일부터는 뭐라고 불러볼까.

바케라스도 역시 포도밭, 결국 와인으로 나름 유명한 곳이다. 남론을 대표하는 와인 마을인 샤토뇌프 뒤 파프, 지공다스 정도의 지명도는 아니지만 일단 마을 입구에 '좋은 와인의 고장, 바케라스'라고 크게 붙여 놓았다. 실제 포도밭이 바케라스 마을을 겹겹이 포위하고 '우리를 와인으로 만들지 않는 자들에게 죽음을!'이라고 외치며 곧 있을 바케라스를 향한 돌격 공방전 준비를 하고 있는 것 같다. 그러나 이 친구들은 이미 지난봄에는 북쪽으로부터 살을 에는 미스트랄의 원거리 포격을, 여름에는 남쪽에서 쏟아지는 불타는 지중해 햇살의 원거리 포격을 두드려 맞고 있다. 승리의 여신 니케는 바케라스 마을의 편이다. 결국 이들은 붉은 피를 흘리며 병입되어 바케라스의 지하실 깊숙이 갇힐 것이다.

재작년에 전사했던 이들을 따서 마셔봤더니, 세상에 이렇게 강렬한 탄닌감이! 입안을 빽빽하게 도배하는 탄닌감이 복수하듯 입안을 '끼익끼익'거리며 후벼판다. 모두 다 '크흑' 하는 소리를 내며 인상을 찌푸리지만, 마조히즘의 후예인 인간들은 묘하게 이를 즐긴다. 이 탄닌감의

찌릿찌릿함은 이 동네에서 머리를 창문 밖으로 꺼내, 차 뒤편을 쳐다보며 주차를 할 때 왼쪽 뺨 위로 쏟아지는 오후 2시 반 햇볕의 느낌과 매우 유사하다. 고통스럽고 정신이 아득해지기도 하며, 그래도 싫지 않은 강렬함. 지공다스와도 다르고 '교황님의 새로운 와인 샤토'와도 다르다. 무엇보다도 저렴하다.

바케라스의 인구는 대략 1,000명 남짓이다. 그런데 내가 방문한 날 저녁에 이 동네 마을 어귀에 위치한 'Le Cafe du Cours' 앞 작은 도로에 식탁과 의자들을 펼쳐 놓고 무려 100여 명, 전체 인구의 10% 정도가 일찌감치 모여서 음식을 먹고 있었다. 장관이다. 이 길거리 나무 위에서는 미친 매미떼가 서로 타이밍을 정확히 맞추며 깍깍 울어댔다. 정말 농담이 아니라 바케라스의 매미는 맴맴이 아니라 깍깍 운다. 그러다가 저녁 10시가 되니 약속이나 한 듯 '흡' 하면서 소리를 멈췄다. 신기한 녀석들.

이 카페에서는 우리 돈으로 3만 원만 주면 멋진 전식과 메인으로 스테이크, 어른 주먹만 한 디저트를 준다. 물론 맛있다. 바케라스는 스테이크 맛집인가? 실은 이 마을에 식당이라고 불릴 만한 곳은 두 곳밖에 없다. 하나가 이 카페, 다른 하나는 피자집이다. 프랑스에서 피자나 파스타집을 가는 것은 쓰촨성에서 스시집을 가는 것과 다르지 않다. 그래서 우리가 찾아온 이 카페에 동네 주민들이 다 모여 있었다.

오늘 이렇게 많은 주민들이 쏟아져 나와 밥을 먹고 있는 이유는 전날부터 나흘간 이 조그마한 마을에 연극 축제가 열리기 때문이라고 했다. 아마도 이들 중에는 연극 무대에 서는 배우들도 끼어 있을 것이고, 그들은 아마 우리를 보고 '아니, 저 멀리 동양에서 10명이 넘는 사람들이 이 시골 마을 바케라스의 연극 축제를 보러 왔다고?' 이렇게 생각할

Le Café du Cours
Restauran

수도 있다. 미안합니다. 실은 '묵을 만한 호텔'을 찾으려다 여기까지 흘러들어온 사람들입니다. 근데 와인이 참 독특하고, 싸고, 맛있네요. 심지어 우리는 프랑스어를 못해서 연극은 못 봐요.

이 시골 마을의 연극 축제는 마치 모두 함께 어울려 놀기 위한 핑계인 것처럼 사람들은 밤늦게까지 연극은 보러 가지 않고 와인과 맥주를 마시며 앉아 있었다. 그들은 동양에서 온 우리들의 '마조히즘적 먹방'을 연극 보듯 보고 있었고, 수줍은 아저씨가 웃으며 다가와선 "나 궁금해서 그런데, 너네 중국에서 왔니?"라고 묻는다. "아니"라고 했더니 서로 하이파이브하고 박수치고 난리다. 좀 있다가 또 다른 아저씨가 와서 "너네 일본에서 왔지?" 한다. "아니"라고 하니 이제 그들은 당혹감에 빠졌다. 또 자기들끼리 쑥덕쑥덕. 아까 그 아저씨가 다시 와 "너네 그러면 한국? 남쪽?" 하고 묻는다. "응~" 했더니, 드디어 결판이 났나 보다. 아저씨들끼리 판돈이 오간다. 우리는 바케라스 거리에서 거리의 연극배우이자 내기의 대상이었고, 꺅꺅거리던 매미는 벌써 다 집에 갔으며, 바케라스의 아저씨들은 즐거워하고, 우리는 행복하다. 세계는 평화롭습니다. 행복한 기억을 안고 우리는 론 강을 떠납니다. 바케라스 안녕~

◊ 6 ◊

프로방스 알프스

Provence Alpes

Netherlands
Belgium
Luxembourg
Germany
Switzerland
Italy
Spain
NORD-PAS-DE-CALAIS
PICARDE
HAUTE-NORMANDIE
BASSE-NORMANDIE
BRETAGNE
LE-DE-FRANCE
CHAMPAGNE-ARDENNE
LORRAINE
ALSACE
PAYS DE LA LOIRE
CENTRE
BOURGOGNE
FRANCHE-COMTE
POITOU-CHARENTES
LIMOUSIN
AUVERGNE
RHONE-ALPES
AQUITAINE
MIDI-PYRENEES
LANGUEDOC-ROUSSILLION
PROVENCE-ALPES-COTE D'AZUR
Provence Alpes

◇ France Map ◇

발랑솔 마을

바케라스에서 차로 두어 시간 가면 발랑솔Valensole 마을 근처로 오게 된다. 차를 몰면서 백미러로 뒤를 보면 도로가 아닌 새파란 하늘이 보이는 경우가 많은 걸로 봐서, 더 높은 곳으로 올라가고 있다는 게 느껴진다. 좌우로 보이는 풍경도 산악지대 어귀로 들어온 듯한 느낌을 받을 수 있다. 알프스 초입이라고 생각하면 된다.

대부분 '프로방스'라는 단어에서 꽃과 허브를 떠올린다. 그러나 나는 '프로방스'라는 지역의 이름을 어릴 적 오페라를 영화화한 〈라 트라비아타La Traviata〉에서 처음 들었다. 1982년 작품인 이 영화에서 아름다운 주인공 비올레타(이 세상에서 가장 여리여리한 소프라노인 테레사 스트라타스가 이 배역을 맡았다)에 홀라당 빠져서 맨날 술과 파티만 벌이던 탕아 알프레도(플라시도 도밍고가 그 역을 맡았다)에게 돈 많은 아빠가 "아들아, 프로방스의 바다와 육지로 돌아가라!", "눈부시게 빛나는 태양의 프로방스로 돌아가라!", "하나님의 땅인 프로방스로 돌아가라!", "프로방스로 돌아가라!", "프로방스로 돌아가라!"라고 무거운 목소리로 노래 부르며 외치던 것이 인상적인 영화였다.

당시 이러한 정황으로 보았을 때, 나는 다음과 같이 유추했었다. 프로방스라는 곳은 첫째, 바다와 육지가 있고 둘째, 매우 따분한 곳이며

셋째, 금욕적인 유배지와 같은 곳일 것이다. 그래서 결국 장 셰프와 내가 프로방스로 오게 된 것일까!

프로방스는 꽃과 허브의 천국이다. 마노스크Manosque와 발랑솔 인근은 프로방스 지역 라벤더의 주산지로 어마어마한 규모의 라벤더가 재배되고 있다. 7월 중순부터 9월 초까지가 제철이고 관광 자원으로도 뛰어나지만(6월 말부터 7월 중순까지 보라색 라벤더를 만날 수 있다), 프로방스 지역에서는 이 허브를 활용하여 다양한 가공 산업도 발전시키고 있다. 식용 허브와 꿀로 가공하는 것도 좋지만, 제품의 마진을 더 많이 남기는 방법은 허브로 화장품을 만드는 것이다. 록시땅, 르샤트라, 잔느 프로방스 등은 프로방스의 대표적인 향토기업으로 글로벌 시장의 강자들이다. 간간이 해바라기밭도 보인다. 해바라기로는 주로 기름을 짠다. (향토기업이라고 하니 어감상 록시땅도 별거 아닌 것 같은 느낌

이……)

많은 사람이 '보라색'을 카메라에 담기 위해 발랑솔에 모여든다. 그러나 우리는 발랑솔 마을은 지나치고 라벤더 꿀을 따는 꿀벌마냥 라벤더밭으로 바로 돌진한다. 사실 멀리서 보면 발랑솔 마을은 밋밋한 시골 마을일 수도 있다. 그러나 시골 여행을 하는 장 셰프와 나는 경건한 마음으로 발랑솔 마을에 들렀다.

발랑솔의 라벤더 축제는 매년 7월 초에 시작한다. 공교롭게도 우리가 도착한 날은 축제 하루 전날이었다. (화장실이) 너무 붐비지 않을까 걱정되었으나, 그렇진 않았고 차분하고 조용했다. 발랑솔의 골목길을 장 셰프와 함께 걸었다. 발랑솔 마을이 라벤더 축제를 준비하는 방법은 단 두 가지였다. 거리를 깨끗하게 정리하고 청소하였으며, 각 집의 문과 창을 특색 있는 색으로 칠한 것. 발랑솔 마을은 이 두 가지만으로도 마을의 골목을 걸어 다니며 시간을 보낼 만한 가치가 있다.

La Campagne De Petre

본격적으로 라벤더를 즐기기 전에 우리는 허기부터 채우기로 했다. La Campagne De Pertre까지 가는 길은 험난했다. 지그재그 길이 장난이 아니었다. 운전이 자신 없는 사람은 여길 오지도 못하겠다 싶었다. 점심 먹기가 이렇게 힘들어서야. 심지어 이 식당에 도달하기까지 몇백 미터는 비포장도로다. 프로방스에서 기분 내겠다고 SUV가 아닌 스포츠카를 빌렸다면 시골, 아니 이 산동네 오지의 식당에 오겠다는 생각은 버려야 한다. 그러나 프로방스, 그것도 바다 프로방스가 아닌 산악 프로방스의 식문화를 제대로 느끼고 싶다면 이 식당은 한 번쯤은 와볼 만한 시골 식당이다. 물론 경치 또한 끝내준다.

이 식당은 산 능선의 가장 위쪽에 위치하고 있다. 360도 가리는 것이 없으며 눈부신 푸른 하늘이 있고 뜨거운 태양이 좀 따갑긴 하지만 식당의 마당에 나무 그늘이 있고 파라솔도 잘 만들어놓았다. 그 경치를 두고 건물 안으로 들어갈 수는 없었다.

이윽고 빵과 파테가 나왔다. 지금까지 프랑스 여행에서 전혀 느낄 수 없었던 어마어마한 고향의 향, 마늘 향이 느껴졌다. 곧이어 세비체Ceviche가 나왔다. 레몬, 식초 등으로 초절임하면서 산미로 생선살을 살짝 익힌 일종의 생선 초절임이다. 페루 음식을 이 지역 산에서 자란 허

브를 얹어 시골 프로방스 알프스 풍으로 해석했다. 차이브, 파슬리 등의 다양한 프로방스 허브가 향을 돋우었다. 메인 디시로는 프랑스의 흰 소 샤롤레Charolais 소고기 요리와 감자다. 특별한 소스나 기교 없이 소금 간으로 익혀 담백하게 즐길 수 있었다.

배를 채웠으니 이제 프로방스 부의 원천, 관광으로나 농업으로나 제조업으로나 훌륭한 라벤더밭으로 이동한다. 보라색 라벤더밭으로.

발랑솔 고원

마노스크부터 시작해서 발랑솔을 지나 베르동 자연공원Parc naturel régional du Verdon까지 다양한 허브들이 분포, 재배되고 있지만, 라벤더 재배지를 구경하려면 발랑솔 고원 쪽이 장관이다. 고원이라고 해서 아주 높은 것은 아니고 해발 500m 정도다. 그러나 넓이가 무려 800km²에 달한다. 마노스크와 발랑솔 마을도 이 발랑솔 고원에 속해 있다.

이처럼 발랑솔 고원 지역은 매우 넓은데, 대체로 라벤더 재배 지역의 고원은 아주 넓은 평원 지역이다. 라벤더밭을 구경하기 위해 가장 많이 찾는 지역은 서쪽의 마노스크와 동쪽의 발랑솔을 잇는 D6 도로 주변이다. 이 도로변에 주요 라벤더밭이 모여 있고 Lavandes Angelvin 같은 지역 주민들이 운영하는 작은 로컬 숍이 있다.

이 D6 도로를 달리면 양쪽으로 보라색 물결이 펼쳐진다. 그러나 솔직히 이야기하자면, 모든 라벤더밭 사진은 보정된 사진이라는 것을 잊지 말아야 한다. 라벤더밭은 가까이 가서 보는 것보다 멀리서 보는 것이 언제나 더 아름답다. Professors Never Lie! 그리고 라벤더밭 안으로 들어가면 굉장한 소음을 들을 수 있다. 머리가 어지러울 정도의 소음이다. 그 소음의 주인이 바로 벌이다. 물론 벌은 우리가 괴롭히지 않는 한 쏘지 않는다. 바꾸어 말하면 실수로 건드리면 쏜다. 라벤더밭에

서 뒤로 폭 눕겠다는 상상은 하지 않길 바란다. 사진 속의 파라다이스와 현실 사이에는 언제나 딱 이 정도의 괴리가 존재한다.

그러나 인스타그램에 목숨을 건 사람이라면 한 번쯤은 7월의 발랑솔 고원에 올라올 필요가 있다. 인생 사진을 건질 수 있고(그게 진정으로 중요하다면), 보라색 라벤더 꽃밭 옆에는 노란색 해바라기 꽃밭까지 펼쳐져 있다. 사진상으로는 파라다이스가 분명하다. 아, 그 노란 해바라기로는 기름을 짠다. 물론 해바라기씨 이야기다. 다만 발랑솔 고원에 오르내리는 지그재그 길이 장난이 아니니 운전 조심할 것.

프로방스의 장미

이 세상에는 정말 다양한 종류의 와인이 있다. 그리고 각 지역의 떼루아에 따라 잘되는 와인이 있기 마련이다. 보르도의 메독Médoc 지역에 간다면 레드 와인, 부르고뉴의 코트 드 본Côte de Beaune 지역은 대체로 화이트, 코트 드 뉘Côte de Nuit는 레드, 프랑스 동북부 알자스Alsace 지방에선 리슬링Riesling이라는 품종으로 담근 화이트 와인이 일품이다. 스페인의 리오하Rioja 지역에선 레드 와인이 유명하고, 스페인 남부 헤레즈Jerez 지방에선 노란 빛깔이 도는 주정이 강화된 셰리Sherry 와인이 유명하다. 머리가 복잡해지나? 와인 관련 세계 지리 이야기는 일단 여기서 중단한다.

아무튼 프로방스 지역은 장밋빛이 도는 로제Rose 와인이 유명하다. 아, 여기서 딱 하나만 명심하자. 로제 와인이라고 해서 장미로 담그는 건 아니라는 것. 일단 전 세계 여러 지역에서 로제 와인을 생산하지만 프로방스 지역의 로제 와인의 품질이 단연 최고다. 2014년 브래드 피트와 안젤리나 졸리가 결혼하면서 인수했던 '샤토 미라발Château Miraval'이 바로 프로방스에 위치한 와이너리이며 로제 와인을 양조하는 곳이다. 일반적으로 로제 와인은 레드 와인이나 화이트 와인에 비해 가격이 저렴하다고 알려져 있는데, 샤토 미라발은 전 세계에서 가장 고급 로제 와인을 만들어내는 곳이다. 한 병에 수백만 원을 호가한다고 한다. 피트

와 졸리가 이혼하면서 다른 재산들은 다 분할했지만 샤토 미라발만은 공동 소유를 하고 있다고 하니, 그럴 만한 이유가 있다.

레드 와인은 적포도로, 화이트 와인은 청포도(백포도 아니다)로 만든다. 그러면 로제 와인은 어떤 포도로 만들까? 크게 두 가지 방식이 있다. 먼저 적포도와 청포도로 와인을 만들어서 섞는 방식이 있고, 레드 와인을 만드는 적포도를 활용해 만드는 방식이 있다. 자, 앞서 화이트 와인을 만드는 방식을 보면 청포도를 수확하여 착즙기에 넣고 꾹 눌러 짜서 머스트Must라고 불리는 맑은 즙을 발효시킨 후 숙성시켜 만든다. 레드 와인은 포도송이 자체를 발효하고 발효가 끝난 포도송이를 눌러서 착즙하고 떨어진 와인을 걸러서 숙성시켜 만든다. 그러면 로제 와인은?

적포도를 활용해 로제 와인을 만들 때에는 두 가지 방식이 있다. 적포도를 수확해서 마치 청포도로 화이트 와인을 만들 듯 머스트를 내고

PIMAYON
SAINT JEAN
Pimayon Blanc 2018
11,20 €
PimAYon

발효하는 방식이 그 첫 번째다. 이 경우 적포도를 심하게 누르면 로제 와인의 색과 향이 짙어지고, 적당한 압력으로 누르면 색과 향이 옅어진다. 두 번째 방식은 레드 와인을 만드는 것처럼 포도송이째 발효를 하는데 보통 일주일 이상 발효를 하게 된다. 그러나 로제 와인의 경우 이틀 이내로 발효를 하다가 압착을 하여 와인을 내린 후 다시 추가 발효를 하는 방식도 있다. 이 외에도 여러 방식이 있지만 기본적으로 적포도와 청포도를 블렌딩을 하거나 적포도를 미리 활용하여 만든다. 프로방스 지역에서는 블렌딩을 하지 않고 오로지 적포도를 활용하여 만들고, 이렇게 만든 로제 와인은 핑크빛의 부드럽고 향긋한 장밋빛과 향이 도는 아름다운 와인이 된다.

프로방스는 덥다. 탄닌감이 강한 진한 레드 와인이 어울릴 리가 없다. 시원한 화이트 와인은 좋겠으나, 더운 프로방스에선 화이트 와인을 양조할 수 있는 청포도 계열의 농사가 힘들다. 원래 청포도 계열은 날씨가 좀 시원한 곳에서 재배가 잘 된다. 그래서 프로방스에선 그라나슈나 시라와 같은 레드 와인용 품종의 포도로 농사를 짓고 그 포도로 시원하게 벌컥벌컥 들이켤 수 있는 로제 와인을 양조해 먹는다. 떼루아가 문화를 만든 것이다.

우리가 방문했던 마노스크 마을의 '샤토 생 장Chateau Saint-Jean' 와이너리는 관광과는 거리가 먼 곳이다. 물론 아름다운 포도밭과 자연 경관을 가진 알프스 초입의 프로방스 시골의 와이너리이다. 직원과 대화를 나눠 보니 2,500년 전부터 포도나무를 재배했다고 하고, 소규모로 포도 농사와 함께 양조를 해왔다고 한다. 그러다가 1880년대부터 본격적으로 포도 농사를 하기 위해 현재 이 와이너리 오너 증조할아버지가 제방 작업을 했고, 관개 작업이 완료된 이후 안정적으로 양조를 하게 되었다고 한다.

솔직히 고백한다. 나를 따라온 한국의 친구들에게 프로방스의 로제 와인을 '저렴한 비용'에 시음을 할 수 있도록 하기 위해 마노스크 마을과 발랑솔 마을의 동선 사이에 있는 '샤토 생 장'을 구글 지도에서 검색하고 들르기로 결정한 것이 사실이다. 샤토 생 장에 대해 꼼꼼하게 조사하고 들렀던 것도 아니다. 한국에서 로제 와인은 저렴한 와인이고, 연인들이 레스토랑에서 발그레한 장밋빛 볼을 한 채, 하트 모양의 눈으로 장미꽃과 함께 와인을 마시는 용도로 주로 간주되기 때문에 '내용'보다는 '형식'이 중요한 와인이다. 즉, 몇만 원 이상을 넘어서는 안 되며 와인 애호가들로부터 그다지 주목받지 못하는 와인인 것도 사실이다.

"봉주르, 무슈. 시음 좀 할 수 있을까요?"라고 물었지만, 10명 가까이 되는 동행자들이 몰려갔기 때문에 미안했다. 그래서 바로 이어서 물었다.

"시음 비용이 얼마죠? 내겠습니다" (아무리 비싸도 1인당 20유로 넘어가겠어?)

"봉주르, 무슈. 우린 시음 비용은 받지 않습니다."

"아니요. 시음 비용을 내야 우리 마음이 더 편할 것 같아요."

"일단 맛을 보세요."

그리고 그 총각은 몇 병의 와인을 따서 맛을 보게 했다. 동시에 미안해진 나는 시음 리스트에 들어가 있지 않은 비싼 '네 명의 여왕Les Quatre Reines'이라는 이름의 로제 와인(그래봤자 몇만 원 정도)도 한 병 사서 시음을 했다. 엇? 내가 지금까지 한국에서 맛봤던 눈에서 하트 뿅뿅 쏘는 용도의 로제 와인과는 완전히 달랐다. 아니, 내가 로제 와인을 제대로 마셔본 게 언제였지? 너무나 훌륭하다. 강한 바디감이 느껴진다. 시끌시끌하던 일행들의 분위기가 싹 바뀌었다. 그리고 각자 자기만의 방식으로 느낌을 표현하기 시작했다.

같이 간 한 친구는 오른손 주먹을 쥐고 땅과 수직을 만든 채 팔을 위로 올리다가 주먹을 쫙 펴며 (왼손은 오른팔 팔뚝을 잡고 있다) 이렇게 이야기했다.

"체리꽃이 피어납니다. 체리나무의 나무 굵기가 아주 굵군요!"

인간이 도대체 어떤 유년기를 거치면 저런 감성을 가지게 될까?

"단 향이 강하게 느껴집니다. 그러나 맛이 달진 않아요."
"아, 프로방스의 허브 향이 느껴집니다! 아! 이건 라벤더죠?" (에이, 과장이 너무 심하시네!)
"오븐에서 구운 치킨이랑 먹으면 너무 맛있을 것 같아요."
"저는 세비체요. 새콤한 생선 세비체랑 같이 먹으면 정말 맛있을 것 같습니다."

사실 이때 창피해서 말은 안 했는데, 생 장의 로제 와인에서 언젠지는 모르지만 어렸을 때 씹었던 풍선껌 맛이 났다. 정말이지 너무너무 맛있어서 턱이 빠져라 씹어댔던 그 풍선껌 향이 폴폴 올라왔고, 그 시절 함께 뛰어놀던 동네 친구들, 땀 냄새, 웃음소리, 시시껄렁한 욕지거리, 노란 햇볕과 파란 바람 냄새까지 그대로 내 눈앞에 떠올랐다. 프로

SAINT JEAN

방스 로제 와인 덕분에 잠깐 그 시절로 다녀왔다. 아, 타임머신을 탔던 것일까, 낮술이 좀 과했던 걸까. 근데 진짜 뭔가 와인에서 라벤더 향이 좀 나는 것 같기도 하고. 뭔가 좀 기분이 그렇더라고. 우리는 와이너리에서 몇 병의 풍선껌 로제 와인을 사서 나왔다.

보니유 마을의 허브

눈에서 라벤더의 보라색 물이 채 빠지기 전에 보니유Bonnieux 마을에 도착했다. 인구 1,300명의 작고 예쁜 언덕 마을이자 허브 마을로도 유명하다. 그리고 이 보니유 바로 옆에는 인구 400명의 더 작고 예쁜, 예로부터 아주 악명 높은 마을 라코스트Lacoste가 있다.

라코스트 마을이 악명 높은 이유는 이 라코스트 성에 살았던 한 귀족 때문인데 바로 '도나시앵 알퐁스 프랑수아 드 사드Donatien Alphonse François de Sade 후작', 흔히 사드 후작Marquis de Sade이라 불리는 사람 때문이다. 그는 1740년에 태어나 여러 차례 감옥에 투옥되었고 1814년에 사망한 것으로 알려져 있다. 그는 난봉꾼으로 유명했다. 특히 1770년대 이 라코스트 마을의 성에서 벌였던 기괴했던 가학적, 성도착적 행동은 당시 크나큰 지탄을 받았다. 그의 이름은 지금까지도 사디즘Sadism이라는 단어로 남아 있다. 프로방스, 라벤더, 허브 그리고 사디즘.

아무튼 나는 할 수만 있다면 보니유에서 라코스트 성까지 하이킹을 하고 싶었다. 4.2km 정도의 거리이고 오르막과 내리막이 좀 있고, 7월의 프로방스 기온이 40도에 육박하긴 하지만, 그래도 하고 싶었다. 그런데 수염이 무성하고, 눈이 부리부리하며 와인 나이프를 들고 다니는 장 셰프의 '저는 더위를 워낙에 많이 타서요'라는 한마디에 하이킹을 포

NOTE DE L'ÉDITEUR

J. B. REBOUL
LA
CUISINIÈRE PROVENÇALE

기할 수밖에 없었다. 1시간만 걸으면 되는데…….

대신 우리는 차를 타고 보니유 마을의 작은 허브 농장에 들어갔다. 뜨거운 땡볕 아래에서 허브 농장의 주인인 프랑스 할머니가 자신의 농장에 대해 열심히, 열정적으로 설명해주셨다. 요는 이러했다. '요즘 기후 변화로 물 부족 현상이 너무 심하다. 3, 4개월 동안 비가 안 내리기도 한다. 세상이 멸망하려나 보다. 그런데 이 허브는 정력에 좋다……' 이 대목에서 장 셰프의 표정이 확 나빠지며 기분이 팍 상하는 걸 확인했다. 분노 게이지가 올라가며 땀을 줄줄 흘리는 장 셰프를 데리고 어디 그늘이라도 들어가야지. 아니면 이역만리 프로방스에서 얼굴을 붉히게 되겠다는 생각이 들었다. 장 셰프의 표정은 이러했다. '내가 이렇게 이 뜨거운 햇볕 아래에서 땀을 흘리면서 당신의 설명을 듣고 있는데, 이 대목에서 정력이라고?' 장 셰프와 나의 공통된 지론은 음식은 음식답게 먹어야 한다는 것. 약은 약사에게, 음식은 셰프에게. 음식을 음식으로 즐길 줄 아는 것도 중요하다.

허브 할머니네 농장 안에는 예쁜 숍이 있었고, 그 안에는 할머니가 만든 것으로 추정되는 여러 가지 허브 가공품들이 있었다. 내 눈을 끄는 것은 말린 허브 다발들. 다발로 구성된 허브는 내겐 몹시 낯선 것이었다. 이걸 어디다 쓰는 거지? 좀 진정된 장 셰프가 어느새 내 뒤로 다가와 설명해 준다. 친절한 장 셰프.

"보통 허브 부케Herb Bouquet라고 하는데, 프랑스에서는 주로 부케 가르니Bouquet Garnis라고 불러요. 타임, 라벤더, 오레가노 로즈마리, 월계수, 셀러리 같은 허브들을 잘 묶어서 말리는 거죠. 특히 지중해식 국물을 낼 때 쓰는데, 이게 우리나라에선 꽤 비싸요."

'비싸요 비싸요 비싸요 비싸요 비싸요'가 내 머릿속에서 메아리치며 '사라 사라 사라 사라 사라'로 공명하기 시작했다.

"근데 여기도 별로 안 싸네요" 장셰프가 그렇게 말하지 않았다면 구매했을 게 분명하다. 그래도 정력 허브 비누라도 하나 사올 걸 그랬나.

우리는 보니유 마을의 언덕에 위치한 호텔 '도멘 드 카플롱Domaine de Capelongue'에서 저녁 식사를 하기 위해 차를 타고 이동했다. 마을 중심에서 5분 정도 거리에 위치한 이 호텔은 스파와 2개의 레스토랑이 있는 꽤 규모가 큰 호텔인데, 차가 언덕에 올라서자마자 눈에 들어온 뛰어난 조경 관리에 놀랐다. 더 놀라웠던 점은 인구 1,300명의 깡시골 마을에 이 정도 규모의 아름답고 고급스러운 호텔이 있고, 동시에 주변 경관에 완벽히 잘 녹아들도록 관리되고 있다는 것이었다. 이 아름다운 보니유 언덕에서 가장 슬픈 일은 이 호텔에 있는 미슐랭 2스타 레스토랑 '바스티드 드 카플롱La Bastide de Capelongue'에서 저녁 식사를 할 만큼의 여비가 우리에게 남아 있지 않다는 것. 우리는 눈물을 머금고 그 바로 옆의 미슐랭 플랏 등급의 '라 베르주리La Bergerie'에 들어갈 수밖에 없었다. 물론 이 레스토랑의 음식은 대단히, 진심으로 대단히 훌륭했다. 서빙 속도는 좀 느려서 짜증이 났지만 여기는 프로방스니까.

7시가 넘어가자 우리를 지져대던 프로방스의 해도 뉘엿뉘엿 넘어가는 듯했다. 분명 해가 지고 있었는데, 곧 우리의 얼굴을 수평으로 마주 보며 지지기 시작한다. 고통스러움에 몸부림치다가 직원을 불렀다.

"저기요. 햇볕이 너무 뜨겁고 눈부신데 자리를 어떻게 좀 바꿀 수 없을까요?"

Cotes
Entrecotes
Paleron
Faux filet
Filet
Poitrine

"무슈, 잊지 마세요. 지금 당신이 있는 곳은 프로방스라고요. 프로방스에서 해를 피할 수 있는 방법은 없어요."

그러고 가버렸다. 진짜 이렇게 말하고 가버렸다.

'라 베르주리'의 음식은 훌륭했다. 프로방스 알프스의 갖은 허브와 식재료들이 접시 위에 올라왔다. 제철은 아니었지만 프로방스식 트러플 피자도 맛있게 먹었다. 어휴! 이렇게 햇볕이 뜨거울 때 시원한 로제 와인이 없었으면 어떡할 뻔했어!

저녁 식사를 마칠 때쯤엔 프로방스의 해도 이번엔 진짜로 지쳐서 나가떨어지고, 우리는 보니유 마을의 시원한 야경을 내려다보며 언덕을 내려왔다. 다음에 이 책 팔아서 돈 벌면 '도멘 드 카플롱'에서 하룻밤 자면서, '바스티드 드 카플롱'에서 저녁 한번 먹어보는 게 소원이 되었다.

◇ 7 ◇

프로방스 지중해

Provence Méditerranée

Netherlands
Belgium
Luxembourg
Germany
Switzerland
Italy
Spain
NORD-PAS-DE-CALAIS
PICARDE
HAUTE-NORMANDIE
BASSE-NORMANDIE
BRETAGNE
LE-DE-FRANCE
CHAMPAGNE-ARDENNE
LORRAINE
ALSACE
PAYS DE LA LOIRE
CENTRE
BOURGOGNE
FRANCHE-COMTE
POITOU-CHARENTES
LIMOUSIN
AUVERGNE
RHONE-ALPES
AQUITAINE
MIDI-PYRENEES
LANGUEDOC-ROUSSILLION
Provence Méditerranée
PROVENCE-ALPES-COTE D'AZUR

◇ France Map ◇

빛의 채석장

'레 보-드-프로방스Les Baux-de-Provence'라는 마을은 고흐의 마을 아를Arles 중심가에서 차로 30분 정도 떨어진 곳에 있다. 이번 시골 여행에서 현지 프랑스인들과 '아를'에 대해 이야기할 때(물론 영어로), 내가 어떤 방식으로 발음해도 절대 알아듣지 못한다는 것을 깨달았다. 아를, 아를르, 아아를, 아르으을, 아르르르를도 해봤지만 아무도 내가 남쪽으로 내려간다는 것조차도 추측하지 못했다. 나중에 알았지만, 아를의 실제 프랑스어 발음을 한글로 썼을 때 가장 비슷한 표기는 아흘러. ('아'에 악센트) 대화 포기. 아무튼 우리는 프랑스의 시골을 여행 중이므로 인구가 5만이 넘는 '거대 마을' 아흘러는 지나치고 레 보-드-프로방스로 향했다.

아를은 론 강 하구에 있는 마지막 마을이다. 아를을 관통하고 있는 론 강의 끝자락이 바로 지중해다. 론 강을 타고 아를의 남쪽은 지중해, 상류로 거슬러 올라가면 아비뇽과 우리가 지나온 샤토뇌프 뒤 파프에 도달할 수 있겠지만 강의 물살이 험하니 배가 뒤집힐 것이 뻔하다. 강변에는 많은 포도가 재배되고 있고 남론의 와인으로, 프로방스의 와인으로 판매되고 있다. 아를의 동쪽으로는 알프스가 시작되는데, 알필 자연공원Parc naturel regional des Alpiles을 관통하면서 지대가 높아지기 시작한다.

인구 350여 명의 레 보-드-프로방스는 이 알필 자연공원 안에 있는 마을이다.

레 보-드-프로방스 마을은 보Baux 가문이 중세 때 오랫동안 지배했던 곳 중의 한 곳이라 마을의 이름도 이렇게 지어졌다. 자료를 찾아보면 1793년 프랑스 혁명 시절엔 인구가 3,500명이 넘었는데, 1800년대를 지나며 인구가 급감해 500명대 아래로 떨어지며 '거의 버려진' 마을이 된다. 그러다가 1822년 마을이 석회암 채석장으로 개발되며 명맥이 유지되었으나, 1935년 채석장의 채산성이 나빠져 문을 닫자 1936년에 인구는 198명으로 줄어든다. 프랑스의 센서스 자료를 보면, 이후 마을의 인구가 더 줄어들며 2차 대전이 끝나는 1946년에는 151명이 된다. 마을의 소멸. 직접 와서 이 마을 인근을 둘러봐도 토질은 황폐하고 길은 가파르며, 근처에는 큰 돌덩어리들밖에 안 보인다. 자연 여건 자체가 산업이 발전하기에 좋은 곳은 아니었다.

그렇게 소멸해가던 중, 프랑스의 올 어라운드 아티스트이자 예술계의 천재 리베로Libero, 장 콕토Jean Cocteau가 레 보-드-프로방스 마을의 폐허가 된 채석장의 퇴폐적 아름다움에 매료되었다. 1959년 그의 작품 〈오르페우스의 유언Le testament d'Orphée〉의 영화 촬영을 이 채석장에서 함으로써 이곳이 세상에 알려지게 된다. 당시 이 채석장을 배경으로 한 〈오르페우스의 유언〉 촬영분은 유튜브에서도 볼 수 있으니 꼭 한번 보시길. 아주 기괴한 분위기의 독특함이 매력인 영상이다.

그 이후 장 콕토를 이어 예술가들이 이 매력적인 채석장을 찾았고, 1977년에는 프랑스의 현대 예술가들이 '시노그래피Scenography'라는 장르를 채석장 내에 구현함으로써 마을의 운명이 바뀌게 된다. 시노그래피는 빛, 색, 소리, 음악 등으로 표현하는 복합적인 예술을 의미한다. 예술가들은 '이미지의 대성당Cathédrale d'Images'이라는 이름의 프로그램으로 채석장의 벽에 다양한 빛의 향연을 펼치기 시작했다. 곧이어 사람들이 방문하기 시작했고, 마을의 인구도 늘어났다. 예술이 한 지역을 살려냈다.

2012년부터는 '빛의 채석장Carrières de Lumières'이라는 이름으로 영속적인 시노그래피 아트 프로그램이 이 지역 지자체의 공적인 지원으로 돌아가게 되었다. 그 첫 프로그램으로 고갱과 고흐를 주제로 한 프로그램이 1년간 전시 운영되었으며, 매년 새로운 작품이 전시된다. 교통편이 좋아지자 500여 명 가까이 늘었던 인구가 아를 등의 주변 도시로 다시 빠져나가며 350여 명으로 줄긴 했지만, 매년 50만 명이 넘는 관람객이 채석장을 찾고 있으니, 레 보-드-프로방스 마을의 소멸은 더 이상 걱정하지 않아도 될 것 같다. 적어도 예술이 지속되는 한은.

IT의 나라답게 우리에게도 제주도 성산의 '빛의 벙커Bunker de Lumières'가 있다. 빛의 벙커는 원래 900평 규모의 해저 광케이블 저장고였고, 버려진 저장고를 레 보-드-프로방스 마을의 '빛의 채석장'처럼 한국판 시노그래피 아트센터로 구현했다. 빛의 채석장과의 계약을 통해 동일한 아트 프로그램을 구현했고, 매년 작품이 바뀐다. 빛의 벙커에서는 2018년에 〈클림트와 비엔나 유파〉, 2019년에는 〈고흐와 고갱〉을 전시했다. 아무래도 제주도의 시설이 최근에 지어진 것이다 보니 빔 프로젝트의 색감이나 스피커의 음질이 프랑스 것보다 솔직히 더 뛰어나다. 그리고 빛의 벙커에서 나가면 그림보다 더 아름다운 성산 앞바다가 눈앞에 펼쳐진다. 지중해에 결코 뒤지지 않는다.

레스토랑 라 샤사네트

"아니, 이런 곳에 레스토랑이 있을 리 없잖아?"

몇 년 전 드롬Drôme에서 몽펠리에Montpellier로 운전해서 이 근처를 지나던 중이었다. 뭐 좀 먹을 만한 곳이 없을까, 하고 구글 지도에서 레스토랑을 검색하다가 이 '샤사네트 레스토랑La Chassagnette'을 우연히 발견하게 되었다. 그리고 목적지에 도착하자마자 내가 운전대를 두들기며 내뱉은 말이, "이런 곳에 레스토랑이 있을 리 없잖아?"였다.

사방을 둘러봐도 주변엔 무엇인지 모를 작물이 자라는 밭과 복잡하게 얽혀 있는 수로들밖에 없었다. 정교한 수로와 흉측하게(?) 줄 맞춰 심겨진 작물은 진보된 인류 문명의 흔적임에 분명한데, 인류가 거주하고 있다는 증거인 집은 단 한 채도 보이질 않았다. 그런데 인류 문명의 또다른 결정체인 구글 지도는 그곳에 분명히 '샤사네트'라는 레스토랑이 있다고 가리키고 있었다. 실제 그 위치에 차를 대놓고 걸어 들어갔더니, 역시 추측했던 대로 이런 곳에는 레스토랑이 있을 수가 없다는 판단이 들었다. 거기엔 레스토랑이 아닌 농장이 있었으니까.

그 공간에서 우리는 약간의 인류를 발견했다. 그들은 요리는 하지 않고 농사를 짓고 있었으니 당연히 농장이라고 생각할 수밖에. 그런데

모두가 예상했겠지만 그 농장이 레스토랑이었다. 나중에 농사짓던 사람들이 그대로 주방에서 발견되었으므로. 농장 안쪽으로 더 걸어 들어가니 좀 더 그럴듯한 정원과 나지막한 건물이 나왔으며 그냥 건물 주위에 아무렇게나(?) 앉아서 식사를 할 수 있게 되어 있었다. 그 자체가 레스토랑이었다. 미슐랭 1스타 라 샤사네트.

그날 저녁 우리는 이 레스토랑의 커다란 모기장 안에서 식사를 하게 되었다. 아무렇게나 앉아서 시작한 식사였지만 음식은 섬세하고 정교했으며 가벼운 듯 깊이가 느껴졌다. 그 식사가 내 인생의 첫 프로방스 식사였고, 내 머릿속에 프로방스 음식은 가볍고 섬세한데 뭔가 좀 시큼하다(?)는 인상이 확실하게 박힌 계기가 되었다. 그때 반드시 다시 찾아오겠다고 결심을 했었다. 대단히 훌륭했으니까.

"아니, 여기에 레스토랑이 있는 게 맞나요?"

몇 년 후, 장 셰프도 목적지에 도착했다고 알리는 구글 지도를 보며 차 안에서 똑같이 물었다. 그땐 저녁이었고 이번엔 점심이라는 차이밖엔 없었다. 정교한 수로도 줄 맞춰져 있는 인류의 문명도 그대로다. 이번에 우리가 안내받은 자리는 정원의 그늘 아래였다. 흠, 2년 전엔 이렇게 잘 가꿔진 정원은 없었던 것 같은데. 웰컴 드링크를 한 잔 마시니 정원에서 갓 딴 샛노란 오이꽃 튀김이 식탁에 올랐다. 태어나서 처음 본 오이꽃이 튀긴 오이꽃이라니! (네. 농대 교수 맞습니다. 하지만 작물 전공은 아니에요)

이어서 직접 재배한 야채와 허브, 꽃의 향연이 시작되었다. 그리고 이 레스토랑에서 그리 멀지 않은 지중해에서 갓 잡은 것이 분명한 해산

물들이 올라왔다. 이번 프랑스 시골 여행 중 부르고뉴의 음식에서 결코 뺄 수 없었던 버터와 크림이 여기에서는 디저트 말곤 흔적을 찾아볼 수 없었고 올리브오일과 식초가 대부분의 음식에 입맛을 돋우었다. 이 동네 사람들에게 올리브오일과 식초를 빼앗으면 고추장과 된장을 잃은 (나라를 빼앗긴) 한국인처럼 통곡을 하며 굶어 죽을지도 모른다.

무엇보다도 샤사네트의 음식은 그 다양한 색감이 프로방스의 쨍쨍한 햇살과 어우러져 맛도 더 도드라지게 느껴진다. 맛은 눈, 코, 입이 함께 작동하는 거니까. 아! 장 셰프가 사진을 제대로 찍었어야 할 텐데!

부야베스

프랑스 제2의 도시 리옹에서 '태양의 차도'로 불리는 A7 고속도로를 타고 남쪽 끝까지 내려오면 프랑스 제3의 도시 마르세유에 다다른다. 마르세유에선 차로는 더 이상 갈 곳이 없다. 고속도로를 달리던 차가 마르세유에 진입하니 그 풍경에서 어색한 느낌이 들기 시작한다. 평화로웠던 지평선과 수평선이 빌딩에게 자리를 내주며 복잡해진다. 자연에 존재하지 않는 직선과 직각이 빈번히 풍경에 등장하는 것을 보며, 나와 이번 프랑스 시골 여행을 함께한 친구들은 이 여행이 끝나감을 직감했다. 우리는 부야베스Bouillabaisse를 나눠 먹으며 이번 프랑스 시골 여행을 마무리하기로 했다. 부야베스는 항구 도시 마르세유의 전통 음식이자 생선 스튜이다.

부야베스는 원래 어부들이 팔고 남은 생선들을 대강 때려 넣고 끓인 소박한 음식이었다. 하지만 어느새 대표적인 프랑스 남부 음식이 되었고 고급 음식으로 자리잡았다. 그래. 여기에 반드시 들어가야 하는 게 프로방스의 '부케 가르니Bouquet Garnis'다. 우리는 마르세유에서 1952년부터 부야베스를 끓여 온 유서 깊은 식당 'Chez Fonfon'에서 점심을 먹기로 했고, 프랑스 시골에서는 전혀 걱정하지 않았던 좀도둑 녀석들을 마르세유에서는 걱정하지 않을 수 없었다. 일단 주차부터가 힘들었고(시

골에서는 차를 아무 데나 던져두었다), 혹시나 트렁크를 뜯어내고 풍선껌 맛이 나는 '네 명의 여왕' 로제 와인을 훔쳐가지나 않을까 노심초사였다.

멋진 요트가 주차(?)되어 있는 항에 위치한 Chez Fonfon에서 우리는 마치 한국에서 해물탕을 끓여 나눠 먹듯, 프랑스 해물탕 '부야베스'를 맛있게 나눠 먹었다. 우리 앞의 지중해는 에메랄드색으로 빛나고 있었다. 장 셰프는 그 순간을 놓치지 않기 위해 마르세유 해변가를 뛰어다녔다. 나는 벌써 샤토뇌프 뒤 파프의 언덕이 그립기 시작했다.

우리는 함께 마르세유 공항으로 향했다. 우리들 중 일부는 한국으로 돌아가지만 일부는 새로운 여행을 시작한다.

자, 스페인 시골 여행의 시작이다.

FONFON
FONF

LE CABANON DE FONFON
LILLET

진짜
프랑스는
시골에 있다

초판 1쇄 2021년 1월 19일
초판 4쇄 2022년 7월 20일

지은이 문정훈
사진 장준우

발행인 유철상
기획 이현정
편집장 홍은선
책임편집 정유진
디자인 노세희, 주인지
마케팅 조종삼, 윤소담
콘텐츠 강한나

펴낸곳 상상출판
출판등록 2009년 9월 22일(제305-2010-02호)
주소 서울특별시 성동구 뚝섬로17가길 48, 성수에이원센터 1205호(성수동2가)
전화 02-963-9891(편집), 070-7727-6853(마케팅)
팩스 02-963-9892
전자우편 sangsang9892@gmail.com
홈페이지 www.esangsang.co.kr
블로그 blog.naver.com/sangsang_pub
인쇄 다라니
종이 ㈜월드페이퍼

ISBN 979-11-90938-33-4 (03920)